FENG SHUI

La Armonía de la Vida

FENG SHUI

La Armonía de la Vida

Richard Taylor
y Wang Tann

Grupo Editorial Tomo, S. A. de C. V.
Nicolás San Juan 1043
03100 México, D. F.

1a. edición, agosto 1999.
2a. edición, junio 2001.
3a. edición, julio 2002.
4a. edición, mayo 2004.

Nicolás San Juan 1043, Col. Del Valle
03100 México, D.F.
Tels. 5575-6615, 5575-8701 y 5575-0186
Fax. 5575-6695
http://www.grupotomo.com.mx
ISBN: 970-666-193-X
Miembro de la Cámara Nacional
de la Industria Editorial No 2961

Traducción: Rafael Rutiaga Cárdenas
Diseño de portada: Emigdio Guevara.
Formación tipográfica: Rafael Rutiaga
Supervisor de producción: Leonardo Figueroa

Impreso en México - *Printed in Mexico*

INTRODUCCIÓN

Hace cerca de siete años, fui a Hong Kong con el fin de examinar la situación financiera de una compañía que abasteció a China de equipo fertilizador y de riego. A diferencia de sus otras sucursales asiáticas, que lograban enormes ganancias, la sucursal de Hong Kong, que era responsable por la totalidad de China, estaba perdiendo dinero. Permanecí dos semanas en una elegante oficina, escudriñando papeles e informes, examinando algunos precios estimados y tratando de deducir por qué todos los demás en nuestro campo eran exitosos, mientras nosotros teníamos tan malos tiempos. Estaba particularmente confundido por el éxito de compañías extranjeras que compraban equipo y asesoramiento de nosotros y cobraban precios más altos que los nuestros.

Como fracasé para encontrar la clave de este misterio entre los papeles, finalmente me acerqué a la gente involucrada.

Una tarde, invité a comer al jefe de la oficina, un hombre chino de aproximadamente cuarenta años, llamado Wang Tann. Frente a tazones de vaporosos platillos chinos, le pregunté por qué el negocio no estaba funcionando adecuadamente. Le hice notar que a pesar de la magnífica calidad de nuestros productos, los bajos precios, y la ubicación de las oficinas y salones de ventas en un elegante edificio, justo en el centro de Hong Kong, aún estábamos, increíblemente, sufriendo una seria escasez de clientes y prospectos.

Wang Tann dudó, se retorció inquieto en su asiento y contestó evasivamente. Estaba claro que algo lo preocupaba. Los chinos son por naturaleza leales a sus patrones, y aquí yo era un extranjero, buscando fallas con su superior directo. Finalmente, cuando le aclaré que si no cambiaba la situación estaríamos obligados a cerrar la oficina, se animó a hablar del tema.

"Todo es a causa de la oficina", musitó Wang Tann. "Nada es planeado según las reglas del Feng Shui".

"¿Feng Shui?". Aunque yo estaba un poco familiarizado con la cultura china, el término era nuevo para mí.

"Es sumamente importante en los negocios, particularmente cuando nuestros clientes son campesinos chinos. El Feng Shui nos enseña cómo diseñar nuestras casas, oficinas y cementerios, y dónde ubicarlos, para que seamos bendecidos con buena fortuna".

En este punto, Wang Tann comenzó a emocionarse, y extendiendo una servilleta de papel, dibujó varios signos sobre ella. Yo estaba desconcertado.

Para no hacer larga la historia, ese fue mi primer encuentro con el término ***Feng Shui***. Wang Tann trajo a su tío, un "Maestro de Feng Shui", quien rediseñó la oficina, colocó una fuente en la entrada principal del edificio, reubicó las salas de espera atrás de la oficina, colgó algunas campanillas y pantallas, e instaló varias lámparas que esparcían una luz brillante en el principal salón de exhibición y ventas. Tres meses después, me fui de Hong Kong, dejando tras de mí una oficina en el camino del éxito.

Este libro está basado en los principios más importantes del Feng Shui, los cuales fueron dictados por el Maestro a su sobrino Wang Tann, quien los anotó en cerca de veinte cuadernos. También se basa en más de una docena de cassets que el Maestro grabó en inglés, así como en todo lo que yo he investigado en bastantes libros sobre la materia.

El propósito de este libro es dar a conocer a los occidentales los principios de las antiguas enseñanzas del Feng Shui, para que sean capaces de utilizarlo en su propio beneficio, de una manera simple y lógica.

El dragón, el tigre, el fénix y la tortuga seguirán las instrucciones de la serpiente y tú podrás ser protegido de la maldad. (Si no comprendes el significado de esta bendición, entonces debes leer este libro).

風
水

¿QUÉ SIGNIFICA FENG SHUI?

Literalmente, Feng Shui se traduce como "viento y agua". Comprende a los dos elementos fundamentales de la naturaleza, o el universo, que involucran movimiento de energía. Mediante el flujo de energía, estos dos elementos son capaces de formar la tierra, la atmósfera del ambiente humano y, sobre todo, las corrientes de energía que dominan alrededor del hombre (esto es, el ***chi***, como veremos más adelante).

El viento, cuando significa aire, es el elemento más importante en la vida humana. Aun una persona fuerte y sana no puede sobrevivir más de unos minutos sin el aire. El agua es la siguiente en la línea: sin ella sólo se puede sobrevivir algunos días si acaso.

Si separamos sus dos componentes, Feng Shui significa "viento y agua", pero el término como un todo, expresa mucho más: Se refiere al flujo de energía a lo largo del universo entero.

風 水

La elección de un término que consista en la combinación de dos elementos es muy importante. La filosofía china como una totalidad está basada en el principio de armonía o equilibrio que se logra mediante un balance de diversos componentes (como el balance entre *yin* y *yang*, que se mencionará luego). Aunque esto no es acerca de la armonía entre el viento y el agua, sino sobre la armonía entre las fuerzas energéticas de la naturaleza, y entre estas fuerzas y el ambiente en que se desarrollan.

Olvidemos por un momento al Feng Shui, que afecta el ambiente físico del hombre y observemos al mismo cuerpo humano. La medicina china considera a los meridianos, o canales mediante los cuales la energía de vida, o *chi*, fluye, como el sistema más importante en el organismo humano. Hay muchos subsistemas de meridianos en el cuerpo, y cada meridiano tiene muchos puntos clave. Una persona permanecerá vigorosa y saludable mientras el chi fluya intacto a través del canal apropiado. Cuando el canal del chi se bloquea, el flujo de energía es deficiente, y el bloqueo debe ser quitado por medio de agujas, masajes o yerbas, para que la persona sea curada.

Es importante notar que el complejo sistema de meridianos que lleva el chi es invisible. A diferencia de los vasos sanguíneos o huesos, no puede verse. Pero nosotros estamos conscientes de su existencia, y empleamos diversos medios y facultades para conservarlo funcionando adecuadamente, y aprendemos en libros y escuelas especiales cómo utilizarlo.

Aunque no existe algún medio "científico" para ver o medir el flujo de energía chi a través del cuerpo, actualmente es muy difícil encontrar en el Oriente a alguna persona que no conozca los meridianos, el chi o los métodos curativos de la medicina china.

Esto también es cierto con respecto al ambiente o al terreno. Arriba y abajo del suelo hay un complejo sistema de "canales" que llevan el chi. Este sistema afecta y es afectado por el terreno, y existe en todos lados: en lo alto de la montaña y en el desierto, en el hogar y en la oficina, a lo largo de los ríos y en lo profundo de las cuevas.

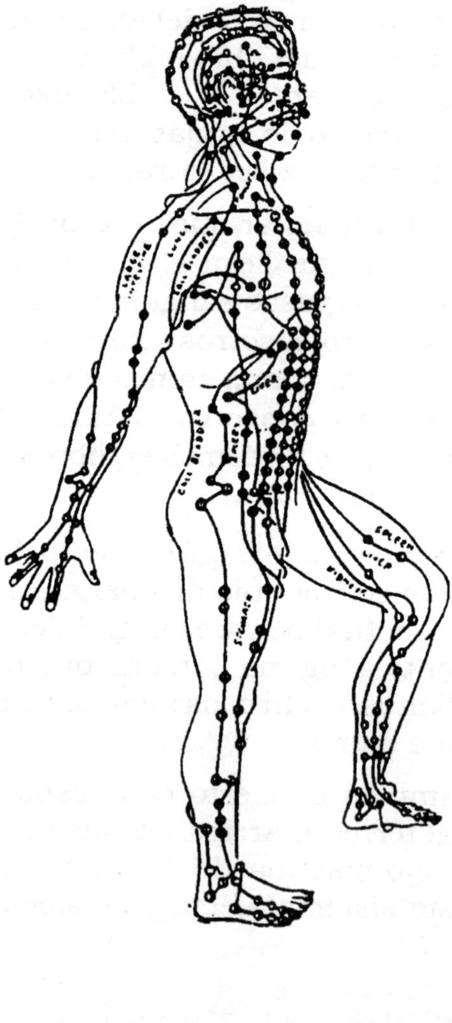

Además, así como el sistema de meridianos y chi dentro del cuerpo, los canales de chi del ambiente natural también siguen un conjunto de reglas que son cruciales en caso de bloqueos y desperfectos. El sistema del Feng Shui sigue entonces algunas reglas que son propias.

- Trata con el sistema de energía del ambiente natural.
- Nos enseña cómo vivir en armonía con la energía ambiental.
- Nos muestra cómo crear un balance entre las diversas energías de la naturaleza, que juntas forman la energía ambiental.
- Nos capacita para ubicar y combinar las líneas de flujo de energía en el ambiente.
- Nos enseña cómo diferenciar la energía positiva de la negativa.
- Nos indica cómo ubicar la casa, la oficina o cualquier inmueble para que esté en armonía con el flujo de energía de la naturaleza.
- Nos muestra dónde ubicarnos nosotros mismos con el fin de absorber el flujo de energía positiva y rechazar la negativa.

- Nos previene para no estar en lugares donde fluye energía negativa, y también nos enseña la manera de corregir este flujo y transformar su energía negativa en positiva.

Para concluir este capítulo, enfatizaremos algo que será tratado más adelante: El Feng Shui abarca no sólo al ambiente, sino también a la gente que vive en él. Después mencionaremos la importancia del calendario chino con respecto a la fecha de nacimiento dentro de todo el sistema del Feng Shui. Así, el Feng Shui combina la energía interna que fluye en los meridianos con la energía que fluye en el ambiente natural. En otras palabras, el hombre es un microcosmos que resulta afectado por lo que le rodea y al mismo tiempo afecta al ambiente y al flujo de chi dentro de él.

¿EN QUÉ SE BASA EL FENG SHUI?

De hecho el Feng Shui es el producto final, filosófica y prácticamente hablando, de una doctrina china que data de hace 7,000 años aproximadamente.

Los chinos definen al Feng Shui como “el arte de encontrar el lugar apropiado”. Los Maestros de Feng Shui utilizan diversos dibujos y signos que provienen de la filosofía china y de los conceptos de vida y universo. Con el fin de entender estos principios, mencionaremos términos tales como *chi, yin* y *yang, t’ai chi* y los cinco elementos.

"Esto (buen comportamiento) es el fundamento de una larga vida. Justo como el aliento del cielo azul (es calma), así la voluntad y el corazón de aquellos que son puros estarán en paz, y el aliento del Yang será estable en aquellos que se conserven en armonía con la naturaleza. Aun si existen espíritus nocivos, ellos no pueden causar daño a quienes siguen las leyes de las estaciones. Por lo tanto, los sabios conservaron el espíritu natural y estuvieron en armonía con el aliento del Cielo, de esta manera se mantuvieron en comunicación directa con el Cielo".
(*The Yellow Emperor's Classic of Internal Medicine*, traducido por Ilza Veith, University of California Press).

CHI

Chi es el principio de todas las cosas. La filosofía china no dice algo más sobre esto. En su libro *"Tao I Ching"*, que expone los fundamentos del Taoismo, Lao Tse menciona al chi de la manera siguiente: "El que habla de él no lo conoce, y el que lo conoce no habla de él". En otras palabras, como no se ve ni se habla de él, la existencia del chi no puede probarse. Si no crees en la existencia del chi, no tiene caso que sigas leyendo este libro.

Chi no es algo que pueda ser analizado por las facultades humanas. El chi existe más allá de la existencia y la no-existencia; es eterno e inalterable, aunque cambia constantemente; es todo y es nada; contiene todo y es contenido por todo.

Entonces, ¿cómo podemos saber los humanos que el chi existe?

Nosotros sabemos del chi por el gran principio que rige al universo, según el cual todas las cosas nacen, se desarrollan, maduran, mueren y desaparecen.

El chi se expresa gráficamente en forma de un círculo vacío. Para facilitar su comprensión, nosotros nos referiremos al chi como energía.

> "El camino del No-ser conduce a contemplar la esencia maravillosa; el camino del Ser conduce a contemplar los espacios y sus límites".
> (*Tao Te King*, Grupo Editorial Tomo).

T'AI CHI

Estrechamente relacionado con el chi está el ***t'ai chi***, que es de hecho el nombre del bien conocido símbolo yin/yang. Según los principios del Feng Shui, el t'ai chi es "el estanque donde todas las cosas se combinan", es decir, donde el yin y el yang afectan el flujo real de la energía chi por sus diferencias y similitudes.

TAO

El principio del ***tao*** es bastante parecido a la idea mencionada anteriormente, según la cual todo viaja a lo largo de un sendero que comienza con el nacimiento y termina con la muerte. Hay un tao para el mundo, que significa el camino del mundo, y hay un tao humano: un tao para guerreros; un tao para mujeres; un tao para carpinteros, etc. Una vez que el tao de alguien está en armonía con el tao del mundo, esta persona vive feliz y pacíficamente, satisfecha de sí misma por completo. Cuando ocurren discrepancias entre el tao universal y el tao personal, entonces la persona afectada se ve obligada a alejarse de su sendero designado.

El tao es simplemente como una semilla dentro del chi. Los chinos expresan al chi gráficamente como una matriz, mientras que el tao, que es de hecho el concepto cercano a la jornada, es representado como un punto en el centro del chi.

> "La profundidad infinita es la puerta por donde llega el comienzo de todas las partes del Universo".
> (*Tao Te King*, traducido por Ch'u Ta-Kao).

YIN/YANG

Aunque se oponga a la filosofía occidental, el concepto de yin/yang es bien conocido hoy en Occidente. Los chinos creen que todo en el mundo tiende hacia yin o yang; oscuridad o luz, femenino o masculino, negativo o positivo.

Es importante entender la palabra "tiende". Nada en el mundo es completamente yin o completamente yang. Aun las más prominentes expresiones masculinas yang, tienden a tener un elemento femenino yin en ellas. En todo hay ambos, yin y yang, y deben estar equilibrados. (El Feng Shui, realmente, intenta lograr ese estado de balance.) Cuando algo es más yin, se define como yin. Cuando es más yang, se define como yang. Aunque los dos componentes, o principios, son totalmente opuestos, se complementan el uno al otro.

Ya mencionamos anteriormente que yin es el elemento femenino negativo, mientras que yang es el elemento masculino positivo. Es importante señalar que los términos "positivo" y "negativo" no son de alguna manera paralelos a "bueno" y "malo". Más bien permanecen como polos opuestos, parecidos a los polos de un imán. Juntos, el polo positivo y negativo crean el campo magnético completo.

Las características siguientes son asociadas con yin: femenino, negativo, pasivo, sumiso, seguidor, oscuro, terrestre, emocional, cuadrado, bajo, tierra, luna, noche, estático, abajo, suave, frío, agua, madre, hija, posterior, agrio, triste, etc.

Las siguientes características se asocian con yang: masculino, positivo, activo, firme, líder, brillante, espiritual, racional, redondo, alto, cielo, sol, día, movimiento, arriba, duro, caliente, fuego, padre, hijo, anterior, dulce, alegre, etc.

Es importante recordar que tanto yin como yang se originan de la misma semilla del chi, como puede verse en la escritura china de las dos palabras. La primera letra (a la izquierda) es idéntica en ambos casos y significa "colina". (Observar la siguiente ilustración.)

Yin Yang Colina

Para recapitular: La esencia del Feng Shui, expuesta de manera simple, es el balance del flujo de yin y yang en el ambiente natural, así como también entre el hombre y este ambiente que lo rodea. Esta armonía es la esencia de todo.

El signo que usan los chinos para representar el yin es una línea interrumpida:

El signo que utilizan para representar el yang es una línea continua:

Cuando estas líneas se colocan una encima de otra, crean primero los trigramas y después forman los hexagramas que nosotros conocemos del *Yi Ching.*

LOS TRIGRAMAS Y EL PA-KUA

Como ya dijimos, tenemos dos signos: una línea continua representando el yang, y una línea interrumpida que representa el yin. Si las líneas son usadas para formar pares, se producen las siguientes cuatro combinaciones:

Dos líneas yin, una encima de otra, significa invierno.

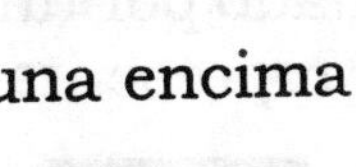

Una línea yang sobre una yin, quiere decir otoño.

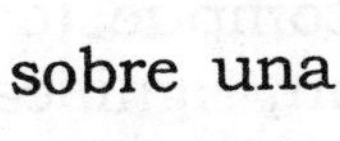

Una línea yin arriba de una línea yang representa primavera.

Dos líneas yang, una encima de otra, significa verano.

Ahora agregamos otra línea para formar un trigrama, y así se producen ocho diferentes combinaciones:

Este trigrama, compuesto de tres líneas yin, representa la Tierra.

El trigrama formado por una línea yang arriba de dos líneas yin, representa la Montaña.

Este trigrama, compuesto de una línea yang entre dos líneas yin, significa el Agua.

El trigrama que se forma con una línea yin abajo de dos líneas yang, representa el Viento.

☴

Este trigrama, compuesto de una línea yang abajo de dos líneas yin, representa el Trueno.

☳

El trigrama formado por una línea yin entre dos lineas yang, significa el Fuego.

☲

Este trigrama, compuesto de una línea yin arriba de dos líneas yang, representa el Lago.

☱

El trigrama que se forma con tres líneas yang, representa el Cielo.

☰

Ciertamente, en ambos extremos tenemos yin (Tierra) y yang (Cielo) absolutos, mientras que la secuencia entre ellos esta marcada por relaciones variantes (ubicaciones) y cantidades de yin/yang.

El desarrollo desde el chi primario hasta los trigramas, que son de hecho la expresión real del Feng Shui, puede ser expresado gráficamente:

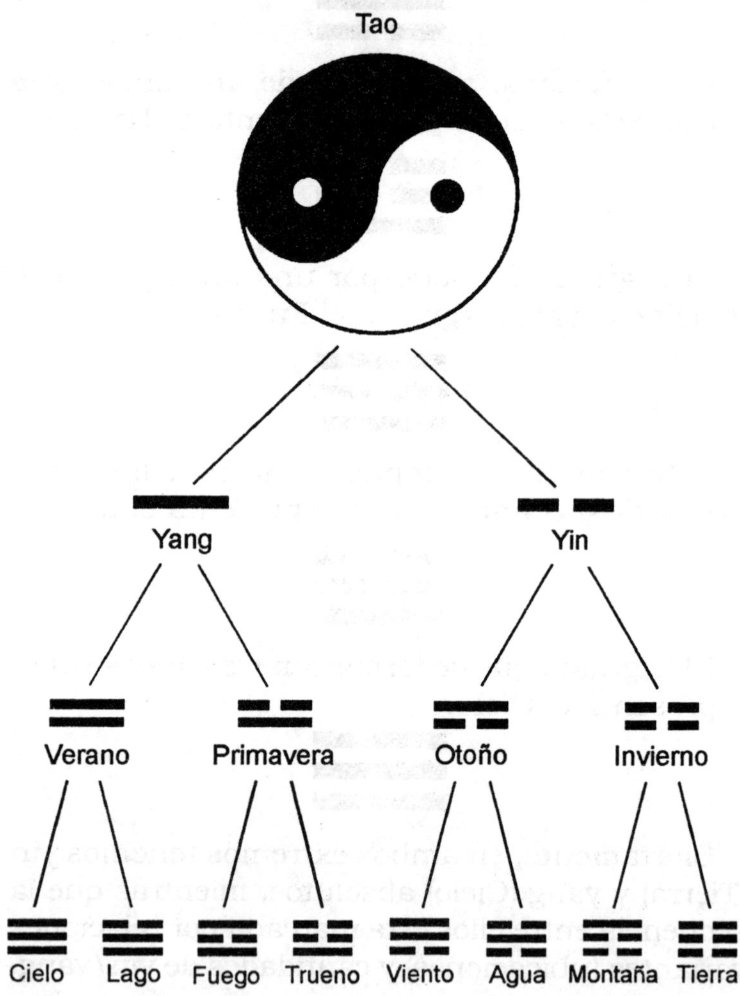

Los ocho trigramas son de gran importancia para el Feng Shui, pues cada uno representa una esencia, una dirección, un miembro de familia, una hora del día, etc. Veremos los nombres y características asociadas con los ocho trigramas y luego los juntaremos en un solo dibujo que debe ser memorizado.

La Tierra

坤 ☷

Este trigrama, compuesto de tres líneas interrumpidas y negativas yin, representa la fuerza que permanece en oposición al Cielo. Se llama por lo tanto "la Tierra" y se define como "pasivo". La tierra es oscura y no tiene vida propia, sin embargo mantiene todas las formas de vida que, cuando es fertilizada por la luz celestial, brotan de lo profundo para crear el mundo. Dentro de la familia, este trigrama corresponde a la Madre, quien da a luz, nutre y se dedica a sus hijos. Respecto al mundo animal, se identifica con la yegua (y a veces con la vaca); dentro del cuerpo humano, representa el estómago; en el calendario, corresponde al comienzo del Otoño y, entre las ocho direcciones, corresponde al Suroeste. El color asociado con este trigrama es el negro, y se asocia también con el elemento Tierra.

La Montaña

Habiendo ascendido, la línea yang alcanza la cima del trigrama y es incapaz de ir más lejos. A la vez, este trigrama representa un elemento masculino sólido que descansa pesadamente sobre dos líneas femeninas, parecido a una montaña que descansa sobre la tierra. Por lo tanto este trigrama se llama "la Montaña" y se asocia con "inmovilidad" (o "carencia de movimiento"). La montaña está en el camino de los viajeros, y contiene muchos tesoros que sólo los sabios pueden conocer. En la cima de la montaña, uno puede estar solo, lejos del mundanal ruido, y llenando los pulmones de aire puro. Este trigrama, por lo tanto, a veces representa la potencialidad en bruto y sin realizarse completamente, o un bloqueo, barrera, o callejón sin salida. Dentro de la familia representa al hijo más joven; en el mundo animal, al perro, y dentro del cuerpo humano corresponde a la mano o los dedos. El color asociado con este trigrama es el verde; se asocia también con el elemento Tierra; su dirección es Noreste, y su estación es el final del invierno y comienzo de la primavera.

El Agua

坎 ☵

Este trigrama, compuesto de una línea yang entre dos líneas yin, es llamado "el Agua", es descrito como "abismo" y significa "peligro". El agua fluye sobre la tierra, barriendo poderosamente todo lo que encuentra en su camino. El que sabe como controlar el flujo del agua y dirigirla según su propia voluntad, puede beneficiarse de su inmenso poder, pero aquellos que permanecen débiles y desprevenidos en su camino se encontrarán con el desastre. Dentro de la familia, corresponde al hijo mediano; en el cuerpo humano, representa la oreja, y dentro del mundo animal, el puerco; su dirección es Norte, su color es rojo, y la estación asociada con él es el invierno, cuando caen fuertes lluvias y cubren la tierra con agua.

El Viento

巽 ☴

Este trigrama, formado por una femenina línea yin penetrando suavemente el estado masculino yang, es llamado "el Viento", y representa la habilidad de delicados elementos para penetrar obstáculos sólidos, como cuando el viento transporta el polen, esparciéndolo sobre la tierra, o cuando los árboles echan suavemente sus raíces entre las rocas. Dentro de la familia, representa a la hija mayor; en el cuerpo humano, corresponde al muslo (y a veces al brazo también), y dentro del mundo animal, representa al gallo. El color del trigrama es el blanco; el elemento asociado con él es Madera; su dirección es Sureste, y la estación que lo caracteriza es el comienzo del verano.

El Trueno (La Tormenta)

震 ☳

Este trigrama es identificado por el brote de una línea yang que asciende dentro de un estado existente, creando así un movimiento que se conoce como "el Trueno" y es descrito como "el despierto". (Los trigramas comienzan desde abajo, por eso la aparición de una línea masculina debajo de dos líneas femeninas o viceversa, se define como "brote".) El Trueno (la Tormenta) ocasiona una agitación en el mundo y modifica el ambiente, por eso cuando se calma, nada es como era antes. Dentro de la familia, representa al hijo mayor; en el mundo animal, corresponde al dragón (y a veces al caballo galopante), y dentro del cuerpo humano, se relaciona con las piernas. La dirección de este trigrama corresponde al Este y la estación asociada es la primavera, cuando el mundo es despertado del largo sueño invernal por la fuerza celestial que penetra la tierra. El color de este trigrama es el anaranjado, y es asociado con el elemento Madera.

El Fuego

離 ☲

Este trigrama compuesto por una sola línea femenina yin entre dos líneas yang, es llamado "el Fuego" y se asocia con la palabra "tenacidad" y con las características siguientes: esplendor, belleza, calidez, desazón y claridad mental. Dentro de la familia, representa a la hija mediana; en el mundo animal, al faisán, y dentro del cuerpo humano corresponde a los ojos. Su dirección es Sur, su color es amarillo y la estación asociada es el verano, cuando el sol es una bola de fuego en su cenit y todo en la naturaleza está gloriosamente en pleno florecimiento.

El Lago

兑 ☱

La hija menor dentro de la familia es representada por este trigrama, que tiene una sola línea yin descansando sobre dos líneas yang. El nombre de este trigrama es "el Lago", y las características asociadas con él son "alegría" (resplandeciendo desde la brillante agua del lago) y "tranquilidad" (típica de las aguas profundas). A veces el agua se llega a estancar y emana un olor que da a este trigrama también otro nombre: "El pantano". La estación asociada con esta trigrama es el inicio del otoño, cuando el regocijo de la cosecha se mezcla con la tristeza provocada por la cercanía del invierno. El color de este trigrama es el azul, su dirección es Oeste; en el mundo animal representa a la oveja, y dentro del cuerpo humano corresponde a la boca.

El Cielo

乾 ☰

Este trigrama, compuesto de tres líneas sólidas positivas yang, es llamado "el Cielo" y descrito como "creador". Representa el poder puro y positivo del cielo que, por dar luz al mundo, lo fertiliza y crea la chispa de la vida. Dentro de la familia, representa al padre; en el mundo animal, al caballo, y dentro del cuerpo humano corresponde a la cabeza. La estación asociada es el final del verano, y su dirección es Noroeste. El color del trigrama es el morado, y el elemento correspondiente es Metal.

La siguiente tabla resume los significados asociados con los trigramas, y es de gran importancia en la práctica del Feng Shui:

Trigrama	☴	☳	☲
Nombre chino	Sol	Chen	Li
Nombre	Viento	Trueno	Fuego
Adjetivo	Cortés	Despierto	Tenaz
Composición	Yin/Yang/Yang	Yang/Yin/Yin	Yang/Yin/Yang
Elemento	Madera	Madera	Fuego
Familia	Hija mayor	Hijo mayor	Hija mediana
Dirección	Sureste	Este	Sur
Número	4	3	9
Rasgo vital	Penetración	Vivacidad	Brillantez
Vida familiar	Riqueza	Salud	Claridad mental
Característica de conducta	Sencillez	Agitación	Honor, calidez
Estación	Comienzo del verano	Primavera	Verano
Tiempo del día	Comienzo del día	Mañana	Mediodía
Animal	Gallo	Dragón	Faisán
Cuerpo humano	Muslo	Piernas	Ojos
Color	Blanco	Naranja	Amarillo
Símbolo	Viento	Trueno	Fuego
Carácter	Gentil	Vivaz	Tenaz

Trigrama	☷	☶	☵
Nombre chino	K'un	Ken	K'an
Nombre	Tierra	Montaña	Agua
Adjetivo	Receptivo	Inmóvil	Profundo
Composición	Todo Yin	Yin/Yin/Yang	Yin/Yang/Yin
Elemento	Tierra	Tierra	Agua
Familia	Madre	Hijo menor	Hijo mediano
Dirección	Suroeste	Noreste	Norte
Número	2	8	1
Rasgo vital	Fertilidad	Potencia	Movimiento
Vida familiar	Prosperidad	Educación	Profesión
Característica de conducta	Creatividad	Bloqueo	Cambio
Estación	Comienzo del otoño	Fin del invierno, inicio de la primavera	Invierno
Tiempo del día	Tarde	Amanecer	Noche
Animal	Yegua	Perro	Puerco
Cuerpo humano	Abdomen	Mano	Oídos
Color	Negro	Verde	Rojo
Símbolo	Tierra	Montaña	Agua
Carácter	Pasivo	Estancado	Arriesgado

Trigrama	☱	☰
Nombre chino	Tui	Ch'ien
Nombre	Lago	Cielo
Adjetivo	Alegre	Creativo
Composición	Yang/Yang/Yin	Todo Yang
Elemento	Metal	Metal
Familia	Hija menor	Padre
Dirección	Oeste	Noroeste
Número	7	6
Rasgo vital	Serenidad	Creatividad
Vida familiar	Frescura infantil	Apoyo familiar
Característica de conducta	Sustancial	Culto
Estación	Otoño	Fin del verano
Tiempo del día	Fin de la tarde	Comienzo de la noche
Animal	Oveja	Caballo
Cuerpo humano	Boca	Cabeza
Color	Azul	Morado
Símbolo	Lago	Cielo
Carácter	Alegre	Creativo

El orden de los trigramas se muestra en el Pa-kua, un dibujo que es una herramienta muy importante del Feng Shui, el cual sirve como un amuleto que, según las creencias chinas, protege, por medio de su bella y colorida forma, contra energías negativas en general y flechas venenosas en particular (shar chi). El Pa-kua podría ser encontrado, por ejemplo, en el centro de la "brújula", que trataremos más adelante. Así, un espejo con marco en la forma del Pa-kua es un poderoso objeto muy utilizado en el Feng Shui para alterar el flujo de energía negativa. Usualmente el Pa-kua aparece con el símbolo t'ai chi (yin/yang) en su centro, rodeado por los ocho trigramas que están acomodados según su respectiva dirección, y marcados por su color característico.

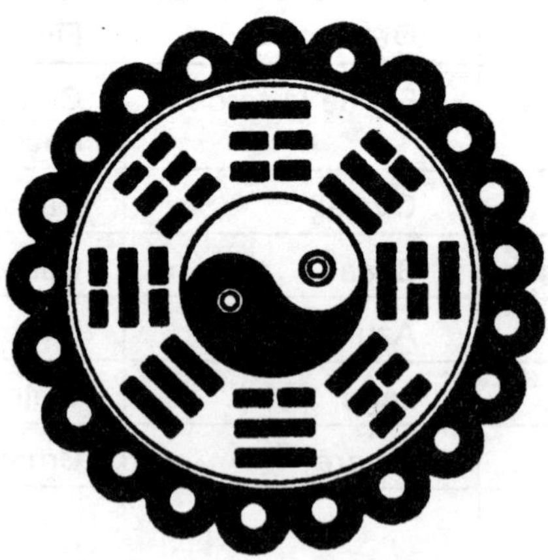

Hay dos tipos de representación del Pa-kua que pueden ser adquiridos:

El Pa-kua yin, también conocido como "Cielo Anterior", el cual es usado principalmente para buscar la ubicación y dirección de sepulcros. Los chinos creen firmemente que las tumbas de sus ancestros ejercen una gran influencia en el destino y la buena fortuna, por lo tanto, su ubicación (o forma) es en algunas ocasiones de mayor importancia que la ubicación de las casas. Este Pa-kua está más difundido en países orientales que en occidentales, a pesar de su importancia.

El Pa-kua yang, también conocido como "Cielo Posterior", es utilizado comúnmente para elegir la ubicación y dirección de edificios para vivir. Este es el uso aceptado y difundido del Pa-kua en los países occidentales.

Las direcciones son idénticas en ambas formas del Pa-kua (el sur siempre aparece arriba, pues los chinos lo creen el principio de todas las cosas y le dan su debido respeto); sin embargo, el orden de los trigramas y su asociación con las direcciones son diferentes:

DIRECCION	PA-KUA YIN	PA-KUA YANG
Sur	☰	☲
Suroeste	☴	☷
Oeste	☵	☱
Noroeste	☶	☰
Norte	☷	☵
Noreste	☳	☶
Este	☲	☳
Sureste	☱	☴

LOS ELEMENTOS

Los cinco elementos también son una parte muy importante de la filosofía china y del Feng Shui, así como las relaciones entre ellos, las cuales pueden ser constructivas o destructivas, y que a la vez conducen a la formación de ciclos de "creación" o "destrucción".

Examinemos los elementos desde el punto de vista del Feng Shui, que es, en términos del flujo de energía de cada elemento, y juntando todos en un diagrama.

Veamos entonces que el mundo se compone de los elementos siguientes:

Fuego

Es energía ascendente (como la flama misma). Llega a su total expresión cuando uno está en la cúspide de la vida. Es el verano. Habiendo alcanzado su clímax, el fuego comienza a apagarse y posteriormente desaparecerá y buscará reposo.

Tierra

Es energía que se mueve horizontalmente alrededor de su propio eje. Se manifiesta durante los cambios de estación. A veces se muestra como un punto en el centro del ciclo de energía, representando una fase entre el flujo de la energía ascendente del fuego y el flujo de la energía hacia adentro del metal.

Metal

Es una energía "densa" (debido a su masa), que fluye hacia adentro. Ha concentrado cualidades densas. (Los chinos lo llaman "energía que tiende a coagular", como la sangre). Es otoño.

Agua

Es energía descendente, y está representando el punto de máximo reposo durante el ciclo de la vida; por lo tanto, esta energía es esencial y concentrada. Es el invierno.

Madera

Es una energía poderosa que fluye hacia afuera en todas direcciones, justo como un árbol que crece fuera de su semilla. Esta es la fase de crecimiento más importante durante el ciclo de la vida. Es la primavera.

Los cinco elementos interactúan dentro de dos sistemas:

1. **Sistema madre-hijo:** Este es el ciclo creativo en que cada elemento funciona como el padre o creador de otro elemento, y a la vez, sirve como el niño o creación de otro elemento, formando así un ciclo creativo.

2. **Sistema de control:** Este es el ciclo destructivo en que cada elemento es capaz de destruir a otro (y por lo tanto controlarlo), y puede al mismo tiempo ser destruido por otro elemento (por el cual es controlado), formando de esta manera un ciclo de control.

Los dos sistemas, o ciclos, se representan gráficamente como se indica a continuación:

Ciclo de creación:

La madera crea el fuego.

El fuego crea la tierra.

La tierra crea el metal.

El metal crea el agua.

El agua crea la madera.

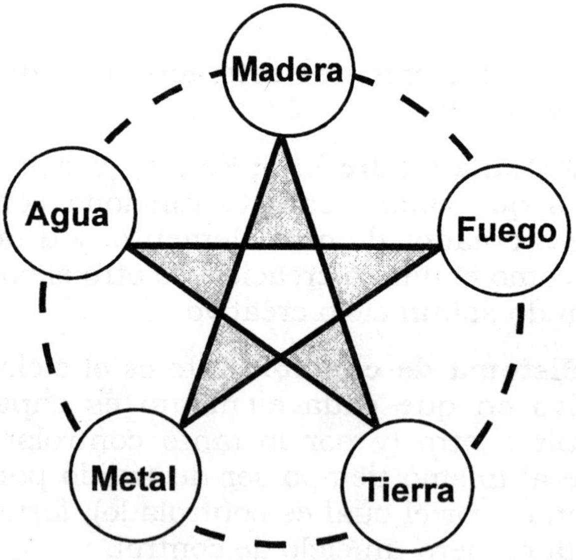

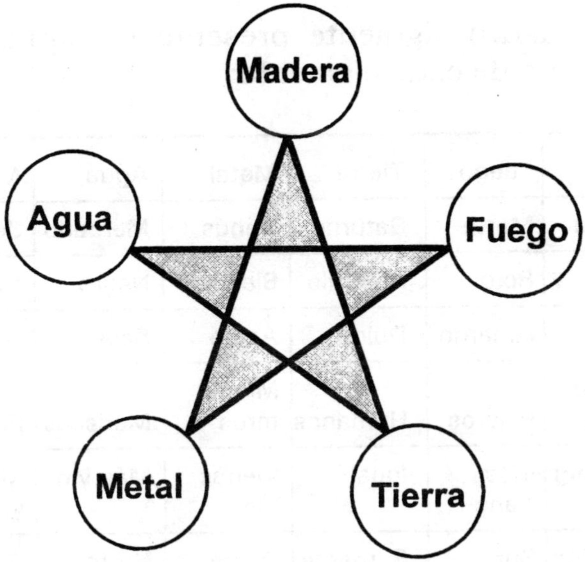

Ciclo de destrucción (o control).

La madera destruye la tierra.

La tierra destruye el agua.

El agua destruye el fuego.

El fuego destruye el metal.

El metal destruye la madera.

El cuadro siguiente presenta el significado completo de cada elemento:

	Fuego	Tierra	Metal	Agua	Madera
Planeta	Marte	Saturno	Venus	Mercurio	Júpiter
Color	Rojo	Amarillo	Blanco	Negro	Verde
Sabor	Amargo	Dulce	Acido	Salado	Agrio
Tipo de animal	Pájaros	Humanos	Mamíferos	Mariscos	Peces
Yin/Yang	Más Yang	Igual	Menos Yin	Más yin	Menos yang
Dirección	Sur	Suroeste Noreste	Oeste Noroeste	Norte	Este Sureste
En armonía	Tierra	Metal	Agua	Madera	Fuego
En contraste	Metal	Agua	Madera	Fuego	Tierra

LO SHUH - EL CUADRADO MÁGICO

El cuadrado mágico, o caja de números, es un concepto importante en todas las teorías místicas Chinas, incluyendo el Feng Shui. Consiste en nueve cuadrados con un número en cada uno. La suma de los tres cuadrados en cada dirección —horizontal, vertical o diagonal— es siempre 15.

El cuadrado mágico se usa principalmente para comprender el espacio donde opera el Feng Shui, así como también el factor tiempo en ese espacio. Las orillas del cuadrado central, que contiene el número 5, son colindantes con otros cuadrados; representa el centro del t'ai-chi, que ya hemos expuesto, y la serpiente, que mencionaremos posteriormente. Hablando teóricamente, este cuadrado se ubica en el centro del *lo pan*, el cual es una herramienta práctica indispensable del Feng Shui, como veremos más adelante. Los ocho cuadrados restantes representan las ocho direcciones según la filosofía china, mientras que cada número se asocia también con un trigrama en la misma dirección. También veremos que cada persona es representada por una de las ocho figuras, lo cual es calculado según los números que constituyen la fecha china de nacimiento.

En la China antigua, los hombres sabios usaron caparazones de tortuga para predecir el futuro: hacían un hoyo en la concha y luego la arrojaban al fuego. La flama agrietaba la concha y el futuro podía ser adivinado mediante la forma de las grietas. Según la tradición, el sistema lineal de adivinación (las líneas interrumpidas o continuas) que aparece en el ***Yi Ching*** se originó a partir de este método.

Cuenta la tradición que el legendario Emperador Yu, un día llegó sobre una tortuga que había salido del río Lo. La tortuga tenía grabado el cuadrado mágico en su caparazón, con cada número representado por círculos que se unían con un hilo. El Emperador Yu se dio cuenta de que esto era una señal, y fue el primero en establecer reglas basadas en el cuadrado mágico, *lo shuh.* Esta es la razón por la cual las antiguas ciudades chinas fueron divididas en nueve partes, conociéndose cada una por su propio número. Una división similar puede encontrarse en palacios, templos, pinturas simbólicas, etc.

Lo shuh se representa así:

4	9	2
3	5	7
8	1	6

La forma de *lo shuh* (más específicamente, la ubicación de los números en el cuadrado), es crucial para determinar la naturaleza del año de nacimiento de una persona. Cada año tiene su naturaleza propia, determinada por el número dominante o por la dirección asociada con ese año. Más adelante veremos cómo el cuadrado mágico determina la naturaleza del año, pero primero debemos conocer el calendario chino y ver cómo es usado para saber el número personal de alguien, el cual también determina su carácter (así como la naturaleza del año).

El calendario chino

Este calendario es por su naturaleza mucho más comprensible que el calendario occidental, particularmente con respecto al Feng Shui. Además de la fecha, el calendario también enumera las direcciones desde donde fluye energía positiva sobre cada día y sobre cada parte del día. Así, si comienzas a construir una casa en un determinado día, puedes aprender del calendario en qué dirección trabajar ese día.

El calendario chino también aconseja qué debe o no debe hacerse un día en particular, y describe la posición de las estrellas, el estado de los elementos, etc. Desde el punto de vista del Feng Shui, sin embargo, la mayor importancia del calendario chino reside en la posibilidad de saber el número personal, conocido como el número *kua*, y encontrar el elemento dominante de cada año.

Como este libro está dirigido a personas de cultura occidental, relacionaremos el calendario chino con el conocido por nosotros. El año chino comienza en la primera semana de febrero. Alguien que haya nacido el 20 de enero, en 1960, es considerado por los chinos como nacido en 1959.

Otras dificultades provienen del hecho que varios métodos son usados para convertir al calendario chino en el occidental. Ciertos calendarios, por ejemplo, muestran el 2 de febrero como el primer día de 1946, mientras otros indican que el 4 de febrero fue el primer día de ese año. Nosotros recomendamos, como una regla, marcar el 5 de febrero como el día primero del año chino: Según el calendario occidental, el año de nacimiento de alguien que nació entre el 1 de enero y el 4 de febrero, es el mismo de alguien que haya nacido el 5 de febrero, mientras que según el calendario chino, nació el año anterior. (Un calendario es incluido en el apéndice, pero es importante señalar que existen otros calendarios basados en métodos de cálculo un poco diferentes.)

Ahora conoceremos el *kua* o número personal. Este puede ser calculado de dos maneras distintas, y el método es diferente para hombres o mujeres.

Para hombres: Suma los dos últimos números del año de nacimiento según el calendario chino y reduce el resultado de la suma de éstos (como lo harías en Numerología), hasta dejar un solo número. Después, réstalo de 10 que es la suma de 19 (1 + 9 = 10), y así obtienes el número *kua* del hombre. (Si el año en cuestión es 1900, entonces la operación será 10 - 0 = 10, el cual reduce a 1.)

Si la diferencia es 5, el número kua personal será 2.

Ejemplo: El año de nacimiento es 1975.

7 + 5 = 12 = 1 + 2 = 3. Entonces 10 - 3 = 7;

7 es el número *kua*.

Para mujeres: Suma los dos últimos números del año de nacimiento según el calendario chino y reduce el resultado (igual que en el caso anterior) hasta dejar un solo número. Suma 5 a éste y obtienes así el número kua personal de la mujer.

Si el resultado es 5, el número *kua* personal de la mujer será 8.

Ejemplo: El año de nacimiento es 1975.

7 + 5 = 12 = 1 + 2 = 3. Entonces 3 + 5 = 8;

8 es el número *kua*.

Otra manera es siguiendo el principio de dividir entre nueve.

Para hombres: Resta de 100 los dos últimos números del año de nacimiento de acuerdo al calendario chino y divide la diferencia entre 9. El sobrante será el número *kua* personal del hombre.

Si no hay sobrante, el número *kua* es 9.

Si el cociente es 5, el número *kua* es 2.

Ejemplo: El año de nacimiento es 1975.

100 - 75 = 25.

25 dividido entre 9 es igual a 2 y sobran 7 para igualar 25; entonces,

7 es el número *kua*.

Para mujeres: Resta 4 de los dos últimos números del año de nacimiento y divide la diferencia entre 9. El sobrante es el número *kua* personal de la mujer.

Si no hay sobrante, el número *kua* es 9.

Si el cociente es 5, el número *kua* es 8.

Ejemplo: El año de nacimiento es 1975.

75 - 4 = 71.

71 dividido entre 9 es igual a 7 y sobran 8 para igualar 71; entonces,

8 es el número *kua*.

El número personal nos permite distinguir entre dos grupos de gente: orientales y occidentales. Cada grupo contiene cuatro subgrupos, según los números personales. Cada subgrupo tiene su propia "brújula" *kua* conteniendo las ocho direcciones aceptadas, de las cuales cuatro son positivas y cuatro negativas con respecto al flujo de energía. Normalmente, una descripción precisa del tipo de energía involucrada —sea positiva o negativa— es agregada a cada dirección. En otras palabras, esta es una brújula personal que aplica los principios del Feng Shui al individuo.

El grupo de orientales incluye los números:

1, 3, 4, 9.

El grupo de occidentales incluye los números:

2, 6, 7, 8.

La división de direcciones kua en positivas y negativas, según el número personal es la siguiente:

ORIENTALES

Sureste Sur

4	9	2
3	5	7
8	1	6

Este

Norte

OCCIDENTALES

Suroeste

4	9	2
3	5	7
8	1	6

Oeste

Noreste Noroeste

Con el fin de recibir una explicación, pasaremos al siguiente tema: *ki*, y allí presentaremos el significado de las ocho "brújulas".

KI - EL NÚMERO DEL AÑO

Cada año del calendario chino tiene su propio número individual, así como también su propia "brújula". La "brújula" consiste de ocho direcciones y nueve números: el número del centro, que es el número personal del año, y ocho números adicionales que representan las ocho direcciones. Así, cada año tiene muchos atributos que son asociados con el número y la dirección.

Cada ki se nombra después de su número central, y las ocho brújulas ki se acomodan según el orden del cuadrado mágico conocido como *lo shuh*. La "brújula" central o "brújula del número 5" es también conocida como "la regla ki", por ser el patrón contra el que son verificados los otros números.

El ki nos ayuda a conocer las características asociadas con cada año y a la vez nos permite combinar este conocimiento con la información proporcionada por la brújula kua mencionada anteriormente.

El apéndice al final del libro incluye los números ki de cada año según el calendario chino. El método de cálculo es muy simple, pues sólo necesitas saber el número ki de un año (por ejemplo, el año de tu nacimiento) a fin de encontrar el número ki de cualquier otro año.

Nota: En escritos chinos tradicionales, la dirección "Sur" normalmente aparece en lo alto de la página, apuntando hacia arriba. Las figuras incluidas en este libro se muestran según el método chino. Aunque esto no es un factor muy importante, es aconsejable verificar la ubicación del Norte/Sur cada que utilices otros libros o calendarios.

La gráfica para la brújula número 5 se muestra a continuación:

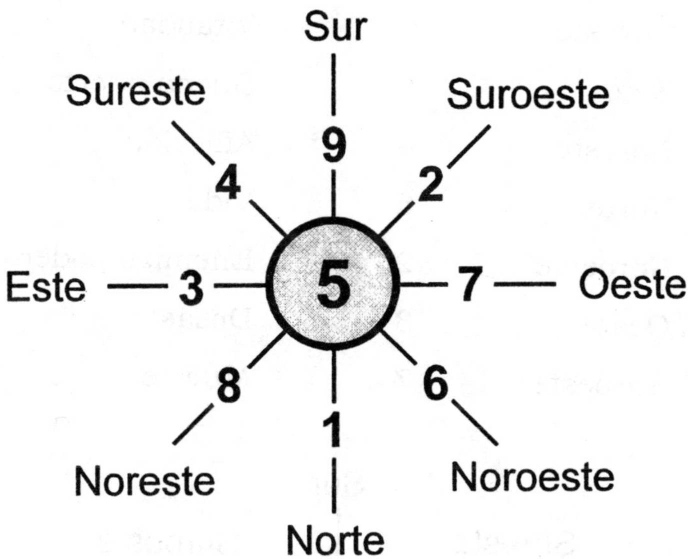

(Las características básicas de las diferentes direcciones pueden ser encontradas en las siguientes figuras.)

Presentaremos las ocho "brújulas" ki:

Las brújulas de los orientales son 1, 3, 4 y 9.

Ki número 1

Sur	5	Longevidad
Sureste	9	Vitalidad
Este	8	Buena suerte
Noreste	4	Aflicción
Norte	6	Vida
Noroeste	2	Enemigo poderoso
Oeste	3	Desastre
Suroeste	7	Muerte

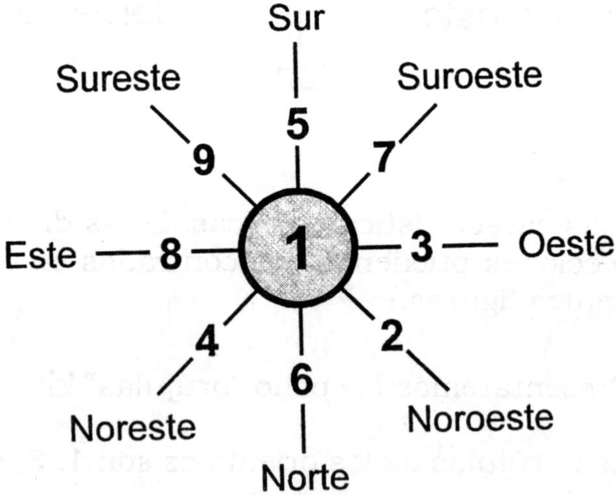

Ki número 3

Sur	7	Vitalidad
Sureste	2	Longevidad
Este	1	Vida
Noreste	6	Enemigo poderoso
Norte	8	Buena suerte
Noroeste	4	Aflicción
Oeste	5	Muerte
Suroeste	9	Desastre

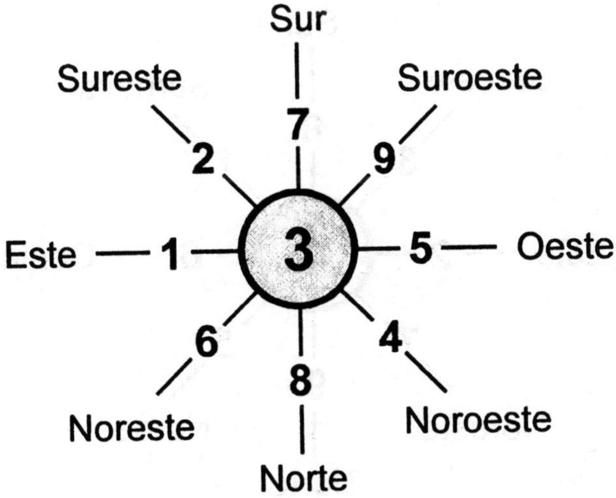

Ki número 4

Sur	8	Buena suerte
Sureste	3	Vida
Este	2	Longevidad
Noreste	7	Muerte
Norte	9	Vitalidad
Noroeste	5	Desastre
Oeste	6	Enemigo poderoso
Suroeste	1	Aflicción

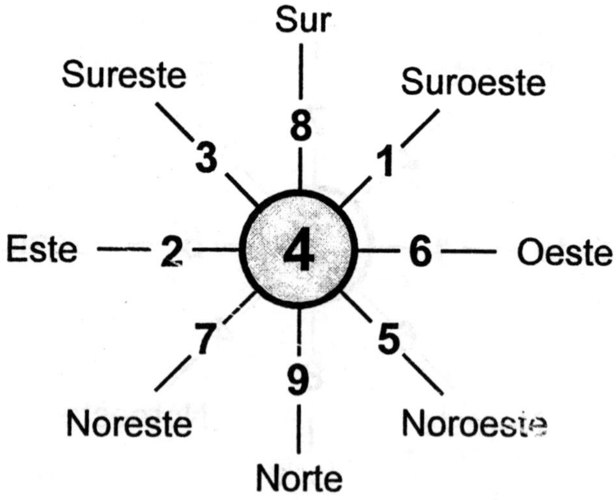

Ki número 9

Sur	4	Vida
Sureste	8	Buena suerte
Este	7	Vitalidad
Noreste	3	Desastre
Norte	5	Longevidad
Noroeste	1	Muerte
Oeste	2	Aflicción
Suroeste	6	Enemigo poderoso

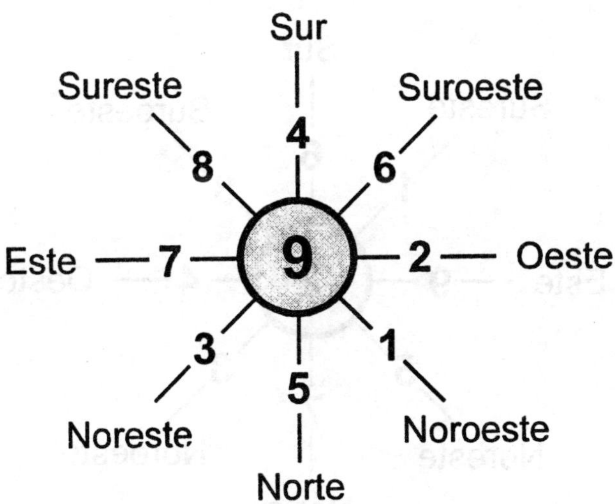

Las brújulas de los occidentales son 2, 6, 7 y 8.

Ki número 2

Sur	6	Enemigo poderoso
Sureste	1	Aflicción
Este	9	Desastre
Noreste	5	Vitalidad
Norte	7	Muerte
Noroeste	3	Longevidad
Oeste	4	Buena suerte
Suroeste	8	Vida

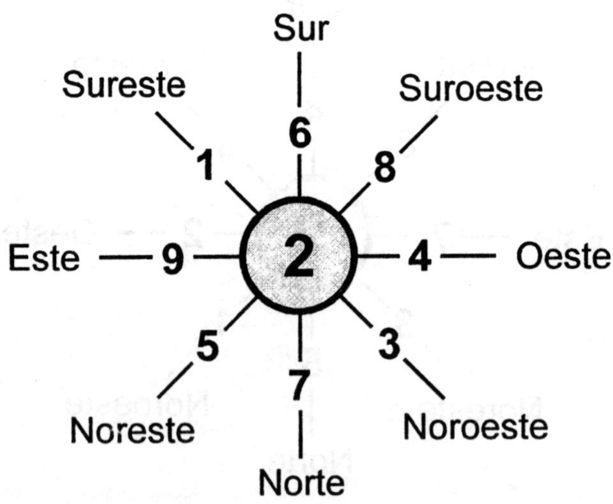

Ki número 6

Sur	1	Muerte
Sureste	5	Desastre
Este	4	Aflicción
Noreste	9	Buena suerte
Norte	2	Enemigo poderoso
Noroeste	7	Vida
Oeste	8	Vitalidad
Suroeste	3	Longevidad

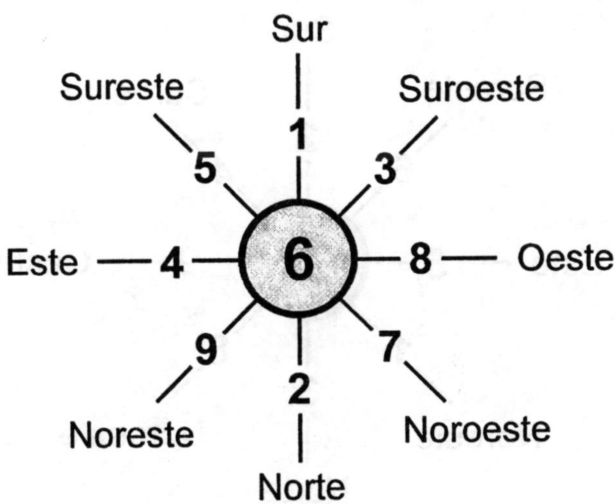

Ki número 7

Sur	2	Aflicción
Sureste	6	Enemigo poderoso
Este	5	Muerte
Noreste	1	Longevidad
Norte	3	Desastre
Noroeste	8	Vitalidad
Oeste	9	Vida
Suroeste	4	Buena suerte

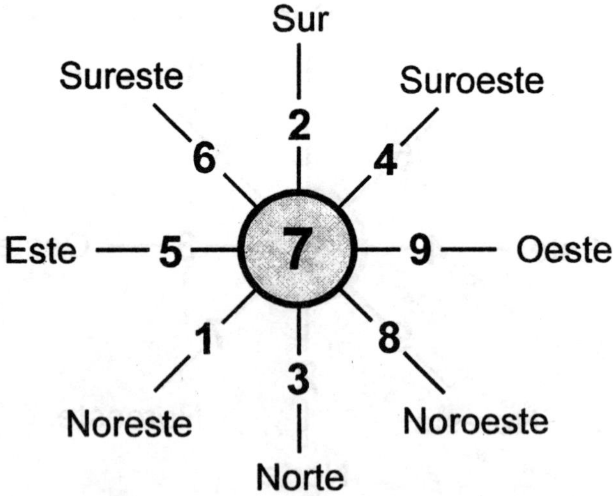

Ki número 8

Sur	3	Desastre
Sureste	7	Muerte
Este	6	Enemigo poderoso
Noreste	2	Vida
Norte	4	Aflicción
Noroeste	9	Buena suerte
Oeste	1	Longevidad
Suroeste	5	Vitalidad

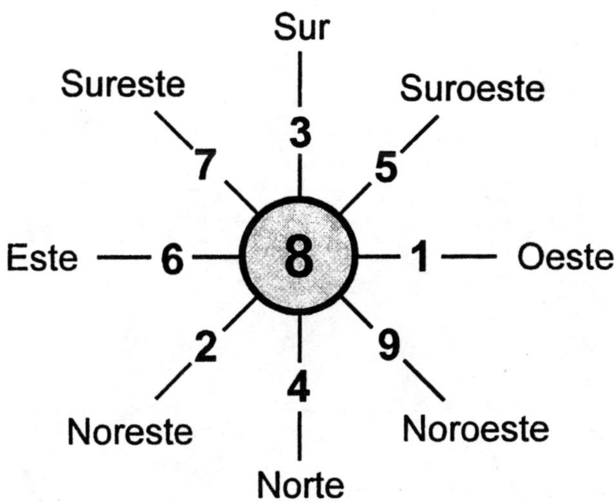

Entonces, una persona número 8 (perteneciente a los occidentales) que desee la longevidad deberá asegurarse que la entrada de su casa se oriente hacia el Oeste. Una persona número 3 (perteneciente a los orientales) que desee la longevidad se asegurará que la entrada de su casa apunte hacia el Sureste. La entrada de una nueva casa que se comience en un año número 6 no debe orientarse hacia el Sur, porque esto traerá graves consecuencias a sus habitantes.

Las brújulas ki son de las herramientas principales del Maestro de Feng Shui, y utilizarlas requiere conocimiento, habilidad y experiencia.

LOS CICLOS DEL AÑO

Según la filosofía china, todo en el universo, incluyendo el concepto tiempo, está basado en ciertos patrones cíclicos: día y noche, las estaciones del año, o los ciclos de los años.

Los ciclos del año son determinados de acuerdo a los cinco elementos. Por lo tanto, cada año está ligado con un elemento que es, de hecho, su "marca de nacimiento". El año en cuestión es dominado por ese único elemento, tanto que podemos referirnos a él, por ejemplo, como un año "metálico" o "de madera". Esto, combinado con la fecha de nacimiento exacta de una persona según el calendario chino, es un factor muy importante para determinar las direcciones de la casa de esa persona.

Según el calendario chino, cada dos años son dominados por un elemento, mientras que el ciclo completo es renovado cada diez años.

Todo lo que debes hacer es encontrar tu fecha de nacimiento de acuerdo al calendario chino y recordar su elemento dominante.

Los cinco elementos en el calendario

Madera	Fuego	Tierra	Metal	Agua
1904	1906	1908	1900	1902
1905	1907	1909	1901	1903
1914	1916	1918	1910	1912
1915	1917	1919	1911	1913
1924	1926	1928	1920	1922
1925	1927	1929	1921	1923
1934	1936	1938	1930	1932
1935	1937	1939	1931	1933
1944	1946	1948	1940	1942

Madera	Fuego	Tierra	Metal	Agua
1945	1947	1949	1941	1943
1954	1956	1958	1950	1952
1955	1957	1959	1951	1953
1964	1966	1968	1960	1962
1965	1967	1969	1961	1963
1974	1976	1978	1970	1972
1975	1977	1979	1971	1973
1984	1986	1988	1980	1982
1985	1987	1989	1981	1983
1994	1996	1998	1990	1992
1995	1997	1999	1991	1993
2004	2006	2008	2000	2002
2005	2007	2009	2001	2003
2014	2016	2018	2010	2012

Y así sucesivamente.

REGLAS DEL FENG SHUI

Además de las direcciones que determinan el flujo de energía, el tamaño y las proporciones de los objetos son sumamente importantes. Cada objeto, grande o pequeño, tiene sus medidas propias, bien sea una mesa, una cama, una ventana, una hoja de papel para escribir, etc. Cada medida tiene buenas o malas cualidades implícitas. Así, una cama de siete centímetros de alto puede ocasionar un severo trastorno, mientras que un cuaderno de 24 centímetros de largo garantiza el éxito en los exámenes.

Las reglas del Feng Shui se usan con el fin de asegurar que todas las cosas tengan el tamaño adecuado.

La regla más común es la de 87 centímetros (34 pulgadas) de largo, y se divide en ocho secciones: Cuatro tienen una influencia positiva y las otras cuatro una influencia negativa. Cada sección puede a su vez ser dividida en cuatro u ocho subsecciones.

Las secciones siguientes poseen cualidades positivas:

Buena suerte			Amigo poderoso	Fuerza			Riqueza
1	2	3	4	5	6	7	8

Las secciones siguientes poseen características negativas:

	Enfer-medad	Mala suerte			Pérdida	Desastre	
1	2	3	4	5	6	7	8

Cuando mides un objeto que tiene más de 87 centímetros de largo, las secciones se repiten nuevamente.

Para quien desee disfrutar todas las ventajas del Feng Shui, se recomienda que prepare una regla de madera apropiada, con las diversas secciones marcadas en ella (en colores diferentes).

Los Maestros de Feng Shui usan una segunda regla, que es conocida como "la regla 8/10 ó 32/40". Aunque es normalmente de un metro ó 40 pulgadas aproximadamente, también existe en otros tamaños.

Significativamente, esta regla —que se usa además de la regla común— se divide por un lado en diez secciones iguales, y por el otro lado en ocho secciones. Cada una de las secciones de ambos lados se divide a la vez en cuatro subsecciones. La división es desde 0 hasta 100 centímetros, lo cual indica que en un lado hay 10 secciones de 10 centímetros, y en el otro lado, ocho secciones de 12.5 centímetros. Cada sección es además dividida en cuatro subsecciones. Por lo tanto, aparte de medidas (sean centímetros o pulgadas), esta regla contiene instrucciones del Feng Shui en forma de secciones.

El lado que tiene un total de 40 subsecciones se usa para tomar medidas **internas** de objetos, utensilios, o partes de la casa. Cada sección implica una energía positiva o negativa, como se explicó para las cuatro subsecciones. Después de tomar las medidas internas del objeto, puedes ver a cuál de las 40 subsecciones corresponde, y conocer la indicación del Feng Shui asociada con esta medida en particular.

Las diez secciones usadas para tomar medidas internas son:

1-4	Daño
5-8	Prosperidad
9-12	Desastre
13-16	Razonamiento
17-20	Honor
21-24	Muerte
25-28	Expansión
29-32	Pérdida
33-36	Riqueza
37-40	Fertilidad

Similarmente, el lado que contiene ocho secciones, o 32 subsecciones, se usa para tomar diversas medidas **exteriores**.

Las ocho secciones usadas para tomar medidas exteriores son las que se indican a continuación:

1-4	Riqueza
5-8	Enfermedad
9-12	Separación
13-16	Razonamiento
17-20	Nombramiento
21-24	Robo
25-28	Daño
29-32	Bienes

LO PAN - LA "BRÚJULA" DEL FENG SHUI

Una herramienta muy utilizada en el Feng Shui es la "brújula" conocida como *lo pan*. De hecho, *lo pan* es más que un implemento avanzado de cálculo sobre el cual todas las fórmulas del Feng Shui son escritas, más que una brújula ordinaria en el sentido Occidental.

Lo pan es una regla circular, con un círculo menor en el centro (representando al *t'ai chi*, que es el centro donde todo comienza). Los 360 grados se dividen en ocho secciones, algunas de las cuales son divididas en subsecciones. Tiene anillos concéntricos que van creciendo hacia afuera desde el *t'ai chi.* Pueden llegar a ser hasta cuarenta anillos en un *lo pan* avanzado, representando todas las cosas en el universo, desde direcciones y movimientos planetarios hasta los ángulos de la salida del sol, los 64 hexagramas del *Yi Ching*, y la docena de salones que se vinculan con los doce "muertos".

De hecho, *lo pan* contiene junta la información esencial usada por el Maestro de Feng Shui. Estando en el sitio a punto de examinar, el Maestro coloca el *lo pan* horizontalmente y utiliza la brújula magnética ubicada al centro del *lo pan* (t'ai chi) para encontrar el Norte (o, más bien, el Sur que es la dirección principal en China), moviendo el *lo pan* hasta que la cruz de su centro esté alineada con el eje Norte/Sur como se hace con la brújula magnética. El Maestro puede encontrar toda la información que necesita a fin de practicar el Feng Shui a lo largo de la línea que sale del centro del *lo pan* en la dirección de su mirada.

El *lo pan* tradicional no incluye las direcciones (que son determinadas por la brújula). El *lo pan* usado ahora por muchos maestros de Feng Shui es similar en muchos aspectos al tradicional, excepto que tiene menos anillos, y las direcciones se incluyen en él (para que si sabes donde es el Norte, puedas alinear el *lo pan* sin usar una brújula).

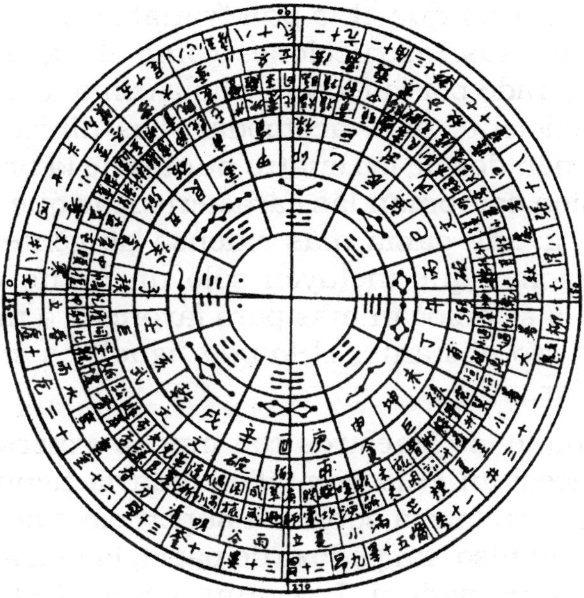

El tradicional, así como el moderno *lo pan*, se divide en ocho secciones de 45 grados cada una, ó 360 grados en total. Éste es conocido como el *lo pan* de "división igual".

Sin embargo, existe un segundo *lo pan* tradicional, usado comúnmente en Feng Shui para determinar la ubicación de tumbas, el cual se divide en partes desiguales: Sur, Norte, Oeste y Este son de 30 grados cada uno, mientras que Sureste, Suroeste, Noroeste y Noreste son de 60 grados. Éste es conocido como el *lo pan* de "división variable".

A pesar de que el *lo pan* "variable" no es tan claro en sus instrucciones como el "igual", es considerado por la filosofía china como un medio más eficiente para acomodar. Las direcciones que unen dos de los cuatro puntos de la brújula también combinan las características que favorecen a una gama más extensa de gente. Las direcciones que incluyen sólo un punto de la brújula se enfocan más para favorecer a menos gente. No obstante, el *lo pan* "igual" es el más popular.

Aunque los Maestros con mucha experiencia no necesitan el *lo pan*, ellos todavía tienden a esbozar su forma sobre un superficie plana, tal como un piso, un pedazo de papel, la tierra o un pedazo de madera. Los puntos Sur/Norte son indicados comúnmente por una flecha, y el símbolo yin/yang en medio representa el *t'ai chi.* El Maestro saca entonces una línea en la dirección de objetos destacados tales como montañas, torres, ríos, etc., señalando todos los datos que necesita a lo largo de la línea. Esto conduce a la creación de un *lo pan* especial que favorece el propósito y lugar particular para que el Feng Shui se desempeñe (la construcción de una casa, la ubicación de una tumba, negocios, amor, etc.).

Ya que el *lo pan* es meramente un instrumento, uno puede usar también una simple brújula y ciertas figuras que indiquen los significados de las diversas direcciones y del número personal, el número del año, y todo lo demás. Es muy importante escoger una dirección en particular y reunir todos los datos concernientes al flujo de energía en esa dirección y sus influencias.

Anteriormente mencionamos elementos que provienen de diferentes direcciones. No obstante, el Feng Shui también toma en cuenta las condiciones del terreno en el área por inspeccionar. Más adelante discutiremos este aspecto único del Feng Shui.

Las dos escuelas de Feng Shui

La tradición china reconoce dos escuelas de Feng Shui: la primera trata en su mayoría con direcciones y empleos del *lo pan*, y la segunda, se basa en las condiciones del terreno y los usos del "mapa animal" descrito posteriormente. En la actualidad, los maestros que practican el Feng Shui intentan combinar los dos métodos.

EL "MAPA ANIMAL" DEL FENG SHUI

Otra de las herramientas principales del Feng Shui es un gráfico, multifacético y siempre cambiante mapa que es único para cada ser humano o estructura. Además de estas ventajas, el mapa contiene cuatro direcciones y un centro, que poseen sus propias características.

De modo significativo, el mapa es creado por la persona o estructura bajo la inspección del Maestro de Feng Shui. Si, por ejemplo, deseas diseñar un mapa Feng Shui para tu casa, lo único que debes hacer es pararte en la puerta y mirar hacia afuera, y ya habrás creado el "mapa animal".

La dirección en que miras cuando estás en la puerta es definida en el mapa animal como el **fénix** o "el pájaro amarillo".

La dirección detrás de ti es la **tortuga**.

La dirección a tu derecha es el **tigre**.

La dirección a tu izquierda es el **dragón**.

Tú estás en el centro, que es conocido como la "**serpiente enrollada**".

Observa con atención las figuras de la página siguiente, y utilízalas como tu mapa animal.

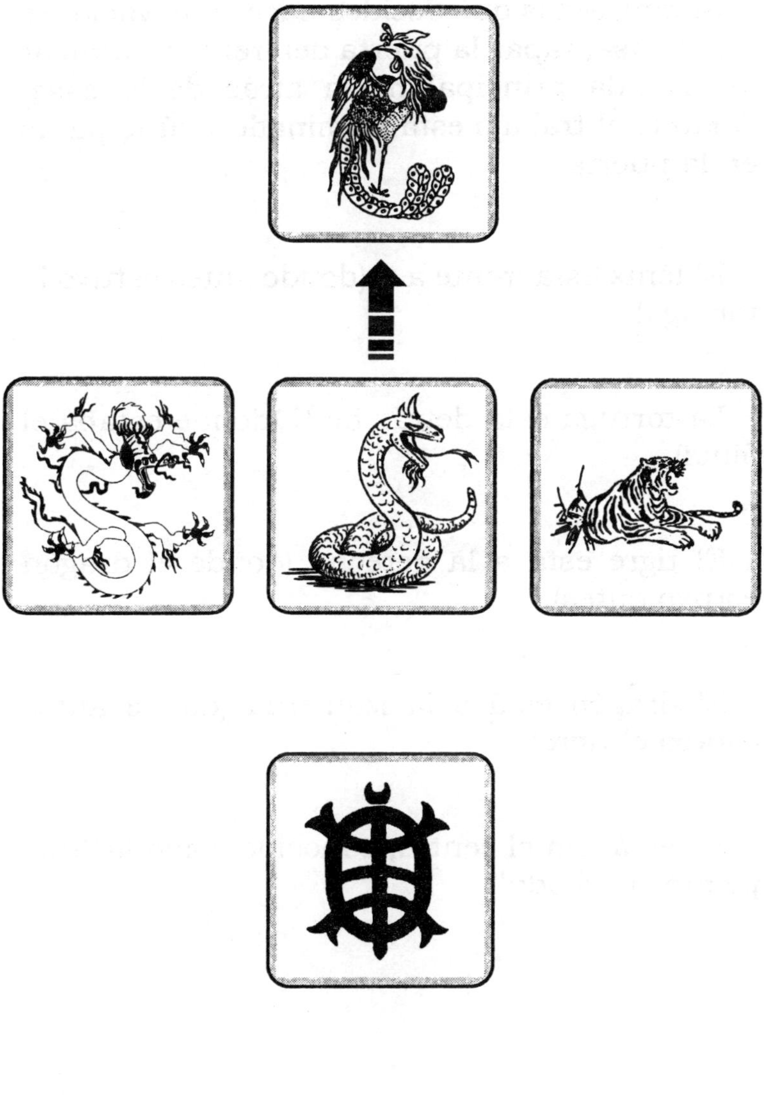

Supongamos que decides hacer renovaciones en tu casa, tapar la puerta del frente y cambiar la entrada principal hacia atrás de la casa. Cuando el trabajo está terminado y tú te paras en la puerta:

El fénix está frente a ti (donde antes estuvo la tortuga).

La tortuga está detrás de ti (donde estaba el fénix).

El tigre está a la derecha (donde el dragón estuvo antes).

El dragón está a la izquierda (donde antes estaba el tigre).

Tú estás en el centro, conocido como la "serpiente enrollada".

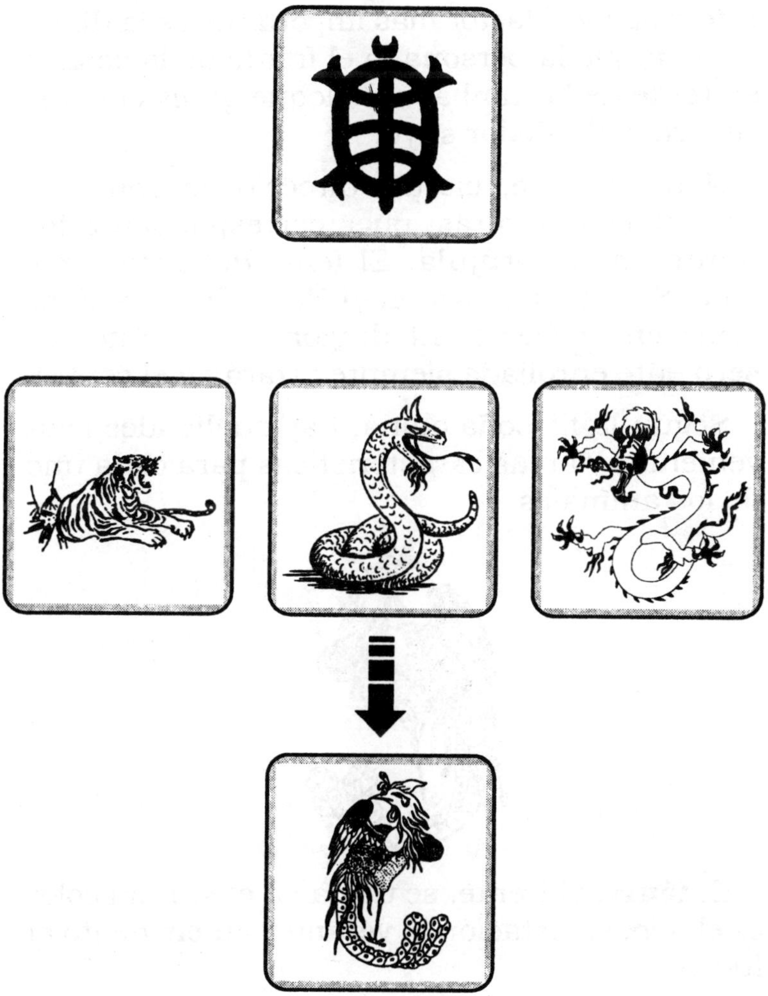

En otras palabras, el punto de partida para este mapa y el factor más importante es la dirección en que la persona (o el frente de la casa, o el frente de la tumba) se coloque, pues el mapa se forma alrededor suyo.

Naturalmente, ciertas direcciones son más favorables que otras, pues corresponden a los puntos de la brújula. El fénix debe ubicarse en el Sur. La tortuga en el Norte. El tigre debe estar en el Oeste. El dragón en el Este. La serpiente enrollada siempre estará en el centro.

Según la filosofía china, hay cualidades convenientes y áreas características para cada uno de los animales.

El **fénix**, al frente, se ubica en el sur, su color es el rojo, su estación el verano y su elemento el fuego.

El fénix es un pájaro mítico que se consume en el fuego y luego se levanta de las cenizas. Por lo tanto, nunca muere realmente. Representa nuestra capacidad de visión, siempre mirando hacia adelante (o, dicho de otro modo, mirando hacia el futuro). Dentro del Feng Shui, el fénix representa nuestra capacidad para mirar y aprender, o los sentidos que nos permiten adaptarnos con nuestro entorno.

Cuando el fénix cumple totalmente con las reglas del Feng Shui —cuando, por ejemplo, la puerta se orienta hacia el Sur, frente a un objeto rojo y una fuente de luz (fuego)— entonces es seguro que los sentidos están en su máxima percepción y que la armonía total con la naturaleza se logrará.

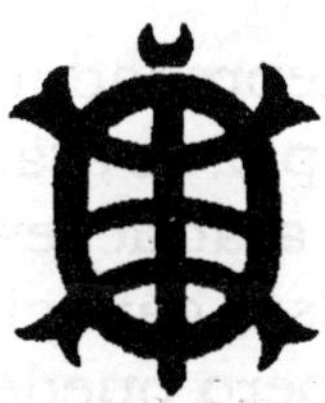

La **tortuga**, en la parte de atrás, se ubica en el Norte, su color es el negro, su estación el invierno y su elemento es el agua.

La tortuga se caracteriza por su caparazón protector, su estabilidad y capacidad de defensa. Es comúnmente asociada con la aportación de protección y seguridad, y con la habilidad para cuidar la retaguardia. Una tortuga cumpliendo con las reglas del Feng Shui provee protección y gran seguridad, protegiendo contra peligros que llegan por detrás.

El **tigre**, a la derecha, se sitúa en el Oeste, su color es el blanco, su estación el otoño y su elemento es el metal.

El tigre es un depredador, rápido y violento, completamente capaz de atacar a sus agresores, probando que el ataque es a veces la mejor defensa posible. Esta capacidad es crucial para la supervivencia (pero puede arrastrar también al tigre hacia situaciones indeseables). Según el Feng Shui, el tigre está siempre alerta, siempre preparado para atacar. (Es importante recordar, por lo tanto, que esa violencia podría ser peligrosa, por eso el tigre es "contenido" por el color blanco.) La posición del tigre es muy importante tratándose de tumbas y edificios.

El **dragón**, a la izquierda, se ubica en el Este, su color es el verde, su estación la primavera y su elemento es la madera.

Como el fénix, el dragón es una criatura mítica, distinguida por su capacidad para volar y ver a gran distancia, más allá del alcance del ojo humano. Según el Feng Shui, el dragón absorbe información proporcionada por los sentidos (ayudado por el fénix) e, inspirado por los detalles, guía al hombre en su camino. Cuando el dragón vuela alto sobre terreno sólido, influencía principalmente a la mente y al espíritu. Tú puedes ser iluminado espiritualmente sólo si colocas al dragón en un lugar favorable. El dragón es demasiado importante para la ubicación de templos y santuarios.

La **serpiente**, en medio (como el *t'ai chi*), es marrón como el color de la tierra, y está también en el centro de las cambiantes estaciones.

La serpiente, enrollada sobre la tierra, es protegida por los cuatro animales a su alrededor que, al mismo tiempo, responden a su movimiento. Así, la serpiente es como la cabeza que controla las diversas partes, crea comunicación entre ellas y las equilibra una con otra.

EL TERRENO

El Feng Shui utiliza el terreno como un patrón y, según la tradición china, lo asocia principalmente con el efecto de dos elementos: colinas o montañas y corrientes de agua. Debemos tener presente que el Feng Shui se desarrolló en una sociedad rural, donde el terreno era de gran importancia. En el mundo moderno, tenemos que relacionarlo con el entorno creado por el hombre de manera similar. Las carreteras y vías, por ejemplo, que sirven como un medio de transportación y movilidad, son parecidas en función a los ríos de épocas pasadas, y pueden por lo tanto ser analizadas del mismo modo. Aunque los grandes edificios, murallas y diversas estructuras son hechas por el hombre, son consideradas como colinas.

Los dos grupos básicos son: por un lado, las "colinas", representando la forma del terreno; y por el otro lado, los "ríos", representando la forma de la línea de agua. Cada una de las cinco formas básicas se asocia con un elemento.

Una persona buscando la ayuda del Feng Shui nació en un año que es asociado con cierto elemento, así que la tarea principal del Maestro es encontrar una relación entre el elemento "personal" y el elemento asociado con la forma del terreno (y eventualmente insertar este detalle dentro del mapa general de Feng Shui). Por lo tanto, necesitamos regresar a los dos ciclos de elementos: el de creación y el de destrucción (o control).

La regla básica es esta: Una persona debe tratar siempre de que su casa sea influenciada por un elemento "padre", y permanecer lejos de un elemento que pueda controlarla (y por lo tanto destruirla).

Por ejemplo, una persona cuyo elemento es el fuego debe construir su casa cerca de un terreno cuya forma se asocie con el elemento madera, y debe alejarse de formas asociadas con el elemento agua.

La **Colina de Fuego**, que es alta y puntiaguda, con los acantilados triangulares, es buena para la gente cuyo elemento es la tierra, y resulta mala para la gente cuyo elemento es el metal. (Sin embargo, cuando la Colina de Fuego está enfrente de la casa, envía una "flecha venenosa" que ejerce una influencia negativa.)

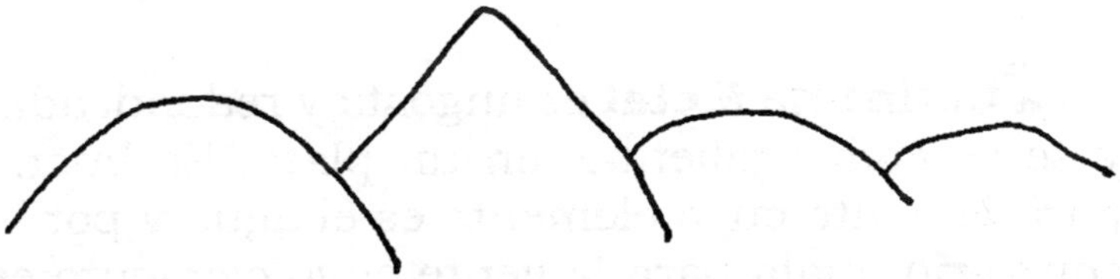

La **Colina de Madera**, que es alta y redondeada, con varios picos que semejan dedos redondos, es buena para la gente cuyo elemento es el fuego y es mala para la gente que tiene como elemento a la tierra. (Cuando está detrás de la casa, llega a ser una perfecta "tortuga" y entonces ejerce una influencia positiva.)

La **Colina de Tierra** es baja y redondeada, parecida a un plato volteado. Es buena para la gente cuyo elemento es el metal y resulta mala para la gente cuyo elemento es el agua.

La **Colina de Metal** es angosta y redondeada, y se ve como galletitas en un plato. Es buena para la gente cuyo elemento es el agua y por lo contrario, mala para la gente cuyo elemento es la madera.

La **Colina de Agua**, que es puntiaguda, baja (sin acantilados) y extendida hacia afuera, es buena para la gente cuyo elemento es la madera y mala para la gente cuyo elemento es el fuego.

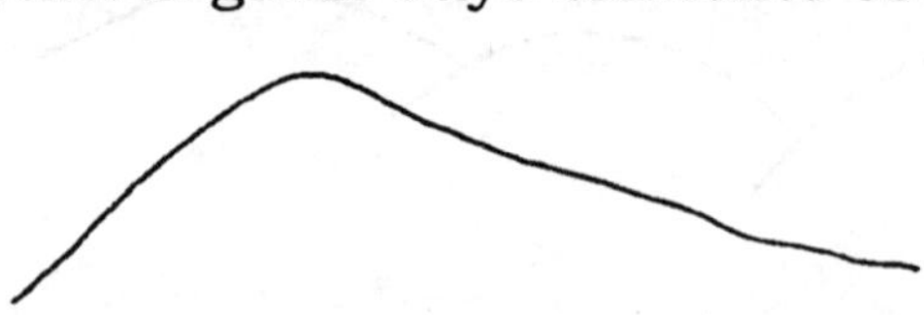

Los cauces de agua se analizan similarmente. Como las colinas, también son divididos en los cinco elementos, y estas formas pueden ser buenas o malas para la gente asociada con los diversos elementos.

El **Río de Fuego** tiene una curva en forma de ángulo agudo.

El **Río de Madera** tiene una curva en forma de ángulo obtuso.

El **Río de Tierra** es identificado por tener dos curvas consecutivas, que van en direcciones opuestas, creando la forma de una S.

El **Río de Metal** tiene una curva en forma de ángulo agudo, pero el ángulo está redondeado.

El **Río de Agua** tiene curvas moderadas y consecutivas, como si fuera una cola.

Todo esto puede ser resumido en los siguientes cuadros:

Elemento

Colina de	Fuego	Madera	Tierra	Metal	Agua
Buena para	tierra	fuego	metal	agua	madera
Mala para	metal	tierra	agua	madera	fuego

Elemento

Río de	Fuego	Madera	Tierra	Metal	Agua
Bueno para	tierra	fuego	metal	agua	madera
Malo para	metal	tierra	agua	madera	fuego

LAS CINCO FORMAS EN EL FENG SHUI

El Feng Shui utiliza cinco formas básicas, que tienen sus propias características y asociaciones con los elementos. Cada forma, como veremos, afecta la acumulación y flujo de energía (chi) a su alrededor.

El **cuadrado**, asociado con el elemento tierra, por naturaleza representa seguridad, estabilidad, soporte y una cierta cualidad “cuadrada”. Es también asociado con el color marrón de la tierra. Esta forma es adecuada para viviendas humanas.

El flujo de energía se encuentra con el frente de la estructura cuadrada y se acumula en la forma de un remolino o círculo de energía.

El **triángulo**, asociado con el elemento fuego, por naturaleza apunta hacia el cielo. Representa la aspiración para ser culto, para "remontar" y alcanzar un nivel más alto. Es asociado con el color rojo o rojizo-amarillo (siendo una combinación de fuego y sol). Esta forma es particularmente adecuada para tumbas o lugares de actividades religiosas (tales como templos y santuarios).

Cuando el flujo de energía encuentra los lados inclinados del triángulo, asciende hasta la columna de energía suspendida sobre el vértice del triángulo.

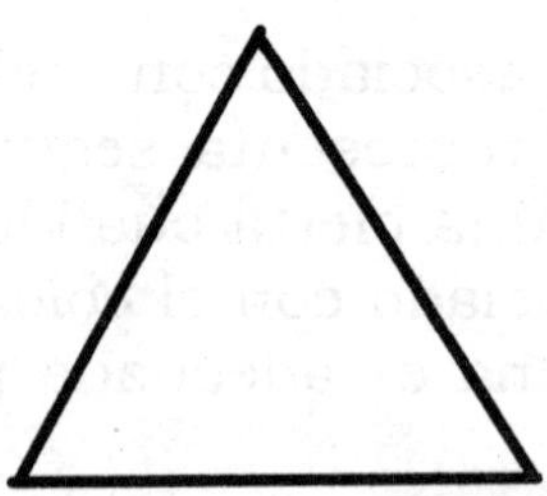

El **rectángulo vertical**, asociado con el elemento madera y representando crecimiento y desarrollo por naturaleza, es una poderosa e influyente forma. Es asociado con el verde. Esta forma es bastante adecuada para asuntos de negocios.

El flujo de energía encuentra la estructura y crea una poderosa esfera de energía que, estando a su lado, puede debilitarla o fortalecerla.

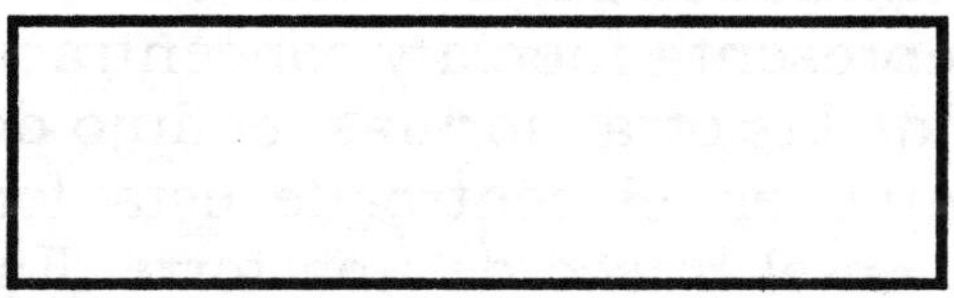

El **rectángulo horizontal**, asociado con el elemento agua (usualmente con curvas más que un rectángulo perfecto), es por naturaleza una forma de flujo, considerando especialmente al paisaje a su alrededor. Representa adaptación, flujo y consistencia.

Es asociado con el azul oscuro y, según algunos criterios, también con el negro. Es adecuado para edificios públicos, instituciones educativas y culturales, etc.

El flujo de energía encuentra el frente de la estructura, se esparce a lo largo de él y se combina con su forma.

La **forma redonda**, asociada con el elemento metal, representa fuerza y concentración. A diferencia de las otras formas, el flujo de energía se acumula en el centro de esta forma, por ejemplo, en el hueco de una torre. Esta forma es asociada con el color blanco y es adecuada principalmente para instalaciones militares (torres de vigilancia) o estructuras simbólicas (obeliscos, campanarios, etc.).

Habiendo encontrado la estructura redonda desde cualquier dirección, el flujo de energía la penetra (existe un conducto alargado en el centro de la estructura), y puede moverse hacia arriba o hacia abajo (como en una chimenea).

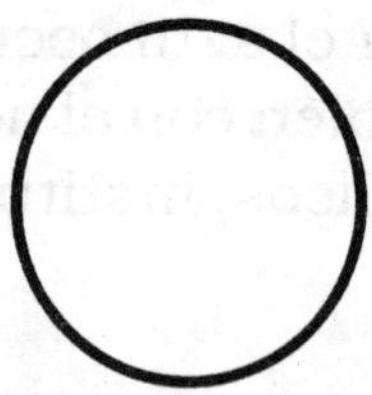

FORMAS IRREGULARES

El Feng Shui considera a todas las formas irregulares como problemáticas. El triángulo, por ejemplo, es considerado una fuente de energía negativa cuando es, de hecho, una forma creada por dividir el cuadrado o el rectángulo. Cuando el triángulo es irregular, su influencia negativa es más fuerte. El principio de preservar la forma básica completa es de gran importancia para diseñar casas, muebles y objetos de uso cotidiano, así como también para planificar ciudades, dividir lotes agrícolas, etc.

Cuando practiques el Feng Shui, tendrás que encontrar la dirección del *t'ai-chi*, o el punto central de la brújula usada por el Maestro, que se ubica comúnmente en el centro de la habitación. Hallar el punto central es bastante fácil si estás trabajando con una forma básica completa. Es mucho más difícil si la forma es irregular (en tal caso tienes que dividir la forma y encontrar el punto central de cada parte para examinarlas por separado).

Advertencia: Nunca intentes completar la forma irregular para "llenarla".

Las formas irregulares podrían verse así:

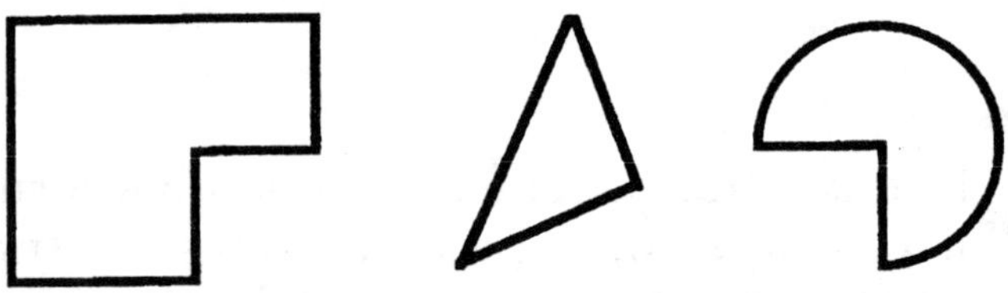

Si una casa tiene forma de L, por ejemplo, es muy difícil encontrar el centro, entonces el punto central de cada parte debe calcularse separadamente. Se prohibe acompletar la forma con otra estructura para encontrar un punto central único.

LAS FLECHAS VENENOSAS, O SHAR CHI

La tendencia natural del Feng Shui es considerar el flujo de chi, o energía, como un fenómeno positivo. Este flujo de energía podría ser desviado por ciertas condiciones del terreno o incompatibilidades entre el hombre y el ambiente, así que el Maestro de Feng Shui debe arreglar el daño y regresar el flujo a su trayectoria.

Sin embargo, algunas condiciones del terreno —sean naturales o hechas por el hombre— tienden por naturaleza a atraer el flujo de energía negativa. Esta energía, conocida como ***shar***

chi, es probable que se dirija hacia cualquier dirección en que se encuentre una estructura, pero es mucho más poderosa si fluye hacia el frente o la entrada de la estructura. Esta energía negativa, conocida como "flecha venenosa", debe evitarse, porque puede resultar fatal.

Hay tres formas básicas que pueden crear flechas venenosas:

1. Una línea recta que vaya a lo largo de cierta distancia —tal como un camino derecho, una fila recta de árboles, etc.

2. Un ángulo agudo o triángulo —tal como una esquina puntiaguda en un edificio, un techo inclinado creando una punta de flecha, una porción de tierra en la forma de un triángulo alargado, etc.

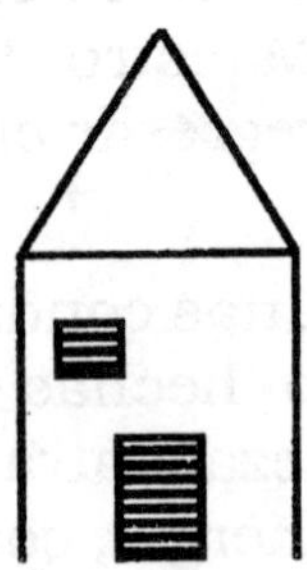

3. Un elemento que se usaba por estar "vivo" pero que ahora no tiene vida (y no ha sido enterrado adecuadamente o "deshecho"), tal como un tronco de árbol cortado, una casa demolida, un jardín marchito, etc.

Como mencionamos anteriormente, la influencia de las flechas venenosas es bastante poderosa si apunta hacia el frente de la estructura —tan fuerte que una sola flecha puede destruir la influencia positiva del tigre, el dragón y la tortuga. (El fénix, de hecho, se convierte en la fuente dañina, pues está en el frente, y el *shar chi* reside en él).

En el ambiente natural del hombre, las flechas venenosas son ocasionadas comúnmente por estructuras triangulares o condiciones del terreno que son una amenaza para casas o tumbas. Estas flechas son algunas veces visibles, pero otras ocasiones están ocultas, y en tal caso sólo el Maestro de Feng Shui puede descubrirlas.

Al inspeccionar el área, el Maestro trata de encontrar las posibles causas de flechas venenosas: techos triangulares, una barda recta y larga, la esquina puntiaguda de un edificio, el cauce recto de un río, una torre con un techo triangular, una intersección, etc.

Según Wang Tann, los techos triangulares son la causa principal de las flechas venenosas, después los caminos rectos y carreteras, cruceros (particularmente intercambios o empalmes modernos), torres altas, y finalmente montañas y colinas altas y puntiagudas.

Es importante saber que el *shar chi* no sólo existe afuera, sino también adentro de la casa, y aunque la influencia de las flechas venenosas es mucho más débil aquí, es evidente en el acomodo de objetos grandes o pequeños.

Afortunadamente, como aprenderemos después con varios ejemplos, el Feng Shui emplea un método altamente ingenioso y eficiente para alterar el flujo de energía negativa y proteger contra él, basado en medios relativamente simples, tales como espejos, colgantes, objetos en forma de pa-kua, pantallas, cortinas, floreros, y lámparas para alterar las condiciones de iluminación.

"REGLAS PRÁCTICAS" DEL FENG SHUI

Exponiéndolo de manera simple, el Feng Shui tiene tres propósitos:

- La armonía en el ambiente.
- El equilibrio en la vida.
- La combinación con el ambiente natural.

A fin de lograr estos propósitos, deben observarse tres reglas prácticas:

- Una “montaña” detrás.
- Terreno abierto en el frente.
- Una superficie de agua dentro del campo visual.

Si se siguen estos principios, entonces el Feng Shui es apropiado para ser positivo.

EL EXCESO

El término "exceso" se refiere a una saturación de yin o yang, que es ocasionada por el estado natural de las cosas más que por bloqueos o accidentes. En lo concerniente al Feng Shui, una casa o estructura puede tener exceso de yin o yang.

Un **exceso de yin** se crea cuando la casa se ubica cerca de un lugar que es dominado por la muerte (un cementerio, un hospital, un rastro, un basurero, etc.).

Es creado también por lugares que se asocian con la muerte, tales como monumentos o mausoleos. Un exceso de yin que se origine de una estructura construida sobre terreno "muerto", como un cementerio viejo, es muy peligroso. Existe también exceso de yin en estructuras oscuras, húmedas y descuidadas, o en edificios que eran ocupados por enfermos incurables.

Cuando hay exceso de yin, es aconsejable tener la puerta de entrada de la construcción, así como también las otras puertas, lejos de la fuente yin (un cementerio, por ejemplo). La estructura debe pintarse de rojo claro. Debe estar llena de luz (durante la noche también, si es posible), y las fuentes de oscuridad o sombra deben eliminarse. Es mejor tener flores que árboles o plantas altas. El frente de la casa debe estar pavimentado en lugar de tener un césped. Y el tejado debe ser rojo.

Un **exceso de yang** se crea si la casa está cerca de una fuente de calor o energía concentrada (fábricas, líneas de alto voltaje, etc.). Las estructuras en los ambientes cálidos (un desierto, por ejemplo) sufren de un exceso de yang, así como las estructuras que reciben la luz del sol durante la mayor parte del día o que están expuestas al ruido fuerte y la reverberación.

En el caso de un exceso de yang, es aconsejable colocar la puerta y demás accesos de la casa lejos de la fuente yang y dejar que el color azul sea predominante. La quietud de la casa es la influencia equilibradora más fuerte del yin. La luz excedente debe evitarse, y bajo ninguna circunstancia debe pasar luz a través de un filtro rojo (tal como una pantalla roja), pues esto puede llegar a ser verdaderamente peligroso. Las fuentes de agua, peceras o pinturas de lagos, son beneficiosas. Un césped verde con manchas oscuras también ayudará.

En resumen, los problemas de un exceso de yin necesitan una presencia intensificada de yang, mientras que los problemas de un exceso de yang necesitan una presencia intensificada de yin.

Diez consejos para vivir en un ambiente con exceso de yang

1. Coloca objetos con agua, tales como pequeños estanques, fuentes, acuarios o jarras redondas dentro de la casa, especialmente en la entrada.

2. Usa pintura azul, particularmente sobre las puertas y ventanas. Planta flores azules en el jardín y en las macetas.

3. Usa iluminación tenue y evita la sobreexposición al sol o a la luz directa. Las fuentes de

iluminación deben estar ocultas más bien que visibles. No uses lámparas de colores (especialmente rojas).

4. Utiliza madera de color natural para las paredes y cercas. Las superficies horizontales (principalmente las de metal) deben ser pintadas de negro.

5. Asegúrate que el silencio se conserve y que haya elementos que absorban el ruido, tales como tapetes o cortinas. En caso de una fuente externa de ruido, la construcción debe aislarse. El ruido continuo es un peligroso enemigo.

6. Un césped plano al frente de la casa siempre es útil.

7. Cuelga cuadros que contengan colores verdes y azules (principalmente motivos de agua) en las paredes de la casa, especialmente cerca de la entrada.

8. Evita el movimiento incesante de objetos en y alrededor de la casa. Por ejemplo, no es aconsejable poner un colgante a la entrada, pues su movimiento aumenta el nivel de yang.

9. Si localizas la procedencia del yang, coloca una fuente o un pequeño estanque entre ese lugar y la casa.

10. Cuida de que las ventanas y las puertas de la casa estén cerradas, para prevenir la entrada del yang, pues los espacios muy abiertos en las paredes de las estructuras pueden incrementar el yang.

Diez consejos para vivir en un ambiente con exceso de yin

1. Coloca objetos yang en toda la casa, especialmente en la entrada. Estos pueden ser: piedras de río, artesanías de piedra, un camino empedrado (de preferencia con curvas), etc.

2. Usa pintura roja, particularmente sobre chimeneas, ventanas y marcos de puertas, el tejado, y en el jardín y las macetas (puedes plantar flores rojas o plantas con hojas rojas).

3. Utiliza iluminación fuerte y evita los rincones oscuros. Debes recortar las ramas de los árboles que sombrean la casa para que la luz pueda penetrar, o usar luz artificial en lugares sombríos. También, el efecto de la luz puede ser logrado por medio de espejos.

4. Las partes exteriores de la estructura —las paredes de la casa y la cerca— deben pintarse de blanco o cualquier otro color claro.

5. Trata de que la luz del sol llegue directa a la casa, mediante grandes ventanas o a través de un domo en el techo.

6. Un jardín lleno de plantas y árboles pequeños en el frente de la casa resulta de mucha utilidad.

7. Debes colocar una pieza de ornato roja o algún objeto rojo en el frente de la casa, sobre la puerta o cerca de ella.

8. Deja una luz en la entrada de la casa las 24 horas del día, aunque sea una pequeña lámpara.

9. Si localizas la fuente del exceso de yin, no ubiques ninguna entrada hacia ella. Si es posible, sepárala de la casa con una cerca o barda baja.

10. Sobre todo, cuando conoces la procedencia del exceso de yin, debes colocar la entrada principal de la casa lo más lejos posible.

EL FLUJO DE CHI (ENERGÍA)

Aunque teórica y filosóficamente hablando existen docenas de formas de flujo de energía, prácticamente sólo hay tres formas: el flujo recto, el flujo ondulatorio y un flujo caótico y "desordenado".

Un flujo recto significa que la energía viaja a lo largo de una línea, pasando de un lugar a otro. (El flujo es considerado recto aun cuando dé vuelta hacia la derecha o la izquierda.) Aunque una línea recta es la forma natural del flujo de chi o energía, debes recordar que algún obstáculo cambia este flujo negativa o positivamente.

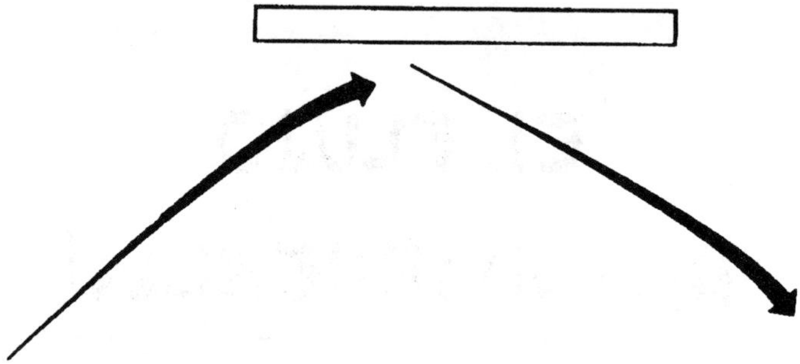

Un flujo ondulatorio significa que la energía gira sobre sí misma hasta que llega a ser una espiral, para que de hecho cree la forma de un tubo más bien que una línea. En este caso también, aun cuando haya un giro, la forma del flujo es más importante que su dirección. Un flujo ondulatorio es más poderoso que un flujo recto.

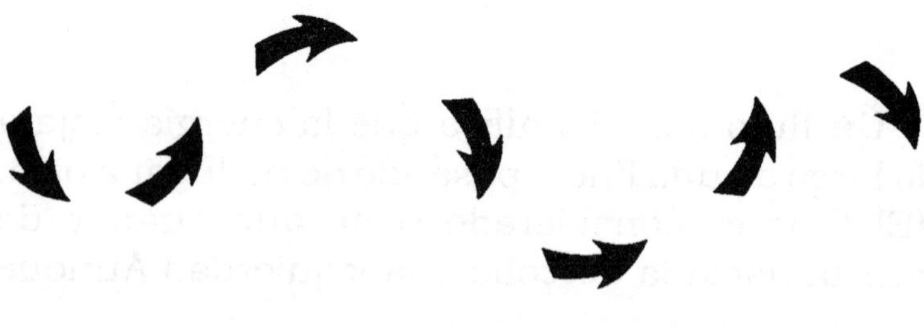

Un flujo desordenado, que es un remolino deforme de energía, se crea cuando la energía no encuentra ningún espacio para pasar o es detenida por una barrera o estructura que la obliga a desviarse en una manera que es impropia del chi. Uno de los propósitos del Feng Shui es prevenir este tipo de flujo.

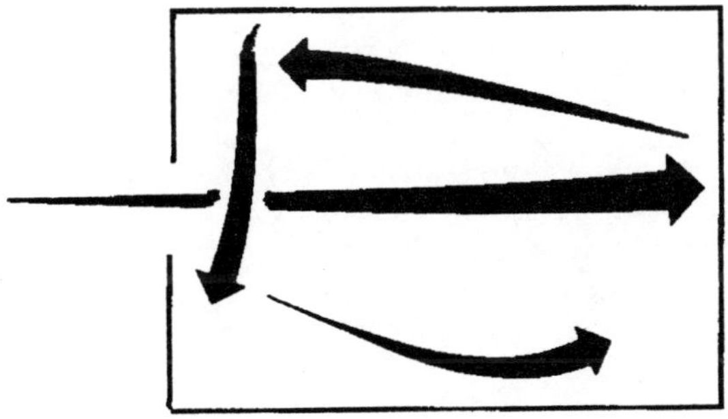

UBICANDO LAS HABITACIONES DE LA CASA

Existen ciertas reglas para el acomodo interno de las habitaciones de la casa. Aunque cada casa debe ser examinada separadamente, según su estructura, hay algunas reglas prácticas que proporcionan ayuda:

Es aconsejable comparar la división interior de la casa con la división del cuerpo humano; es decir, la puerta principal es similar a la boca, mientras que la parte trasera de la casa se considera el ano. Consecuentemente, la cocina debe ser ubicada cerca de la entrada, y el baño tiene que estar al fondo.

Las recámaras deben ubicarse en el centro de la casa.

En cualquier caso, la cocina y el baño deben estar completamente separados y tan lejos como sea posible, dependiendo de la estructura de la casa.

La ubicación correcta del estudio es cerca de la entrada, a la izquierda.

La ubicación adecuada de la sala es junto a la entrada, a la derecha.

LA DIRECCIÓN DE LA CAMA

La cama en que dormimos es uno de los lugares de la casa donde pasamos muchas horas. La ubicación de la cama dentro de la recámara es muy importante, pero **la dirección de la cabecera lo es más**.

Recuerda, por lo tanto, que según el Feng Shui, cada posible dirección de la cabecera puede tener sus características específicas:

Cuando la cabecera apunta hacia el Sur, hay un exceso de energía que impide un sueño sereno. Esta dirección es buena para el sexo, pero no para dormir.

Si la cabecera apunta hacia el Norte, existe una carencia de energía que permite un sueño profundo, pero es bastante pesado. Esta dirección es buena para propósitos espirituales. En el Feng Shui esta dirección es conocida como "la puerta de la muerte", y es recomendada para los ancianos.

Cuando la cabecera se orienta hacia el Oeste, hay un balance de energía, que propicia un sueño profundo y una sensación de satisfacción. Esta dirección es adecuada para personas que no sienten la urgencia de actuar (personas que ya han logrado sus metas).

Si la cabecera se orienta hacia el Este, la dirección es conveniente para personas que están en el comienzo de su carrera. El sueño no pone en peligro el impulso para actuar.

Cuando la cabecera apunta hacia el Suroeste (con los pies hacia el Noreste), hay energía inestable, que puede resultar peligrosa para la persona.

Si la cabecera apunta hacia el Sureste (con los pies hacia el Noroeste), existe un tipo constructivo de energía que refuerza el elemento de liderazgo y éxito en la vida de una persona.

Hay que señalar que la dirección de la cabecera de la cama es solamente uno de muchos factores que determina la ubicación de la cama, y que algunos de esos factores son mucho más importantes. La regla práctica del Feng Shui indica que la cama debe permanecer entre los ejes Sureste/Noroeste, en la habitación más íntima de la casa. Recuerda que al aprender las características asociadas con las diversas direcciones, podemos ser capaces de resolver los problemas que pueden ocurrir en cualquier dirección.

EL PELIGRO DEL TERRENO TRIANGULAR

Una de las más peligrosas estructuras es aquella que está construida en un terreno triangular, y es todavía más peligrosa ¡si la estructura también tiene forma triangular!

Consideremos, por ejemplo, que una estructura cuadrada o rectangular puede ser construida en un terreno triangular.

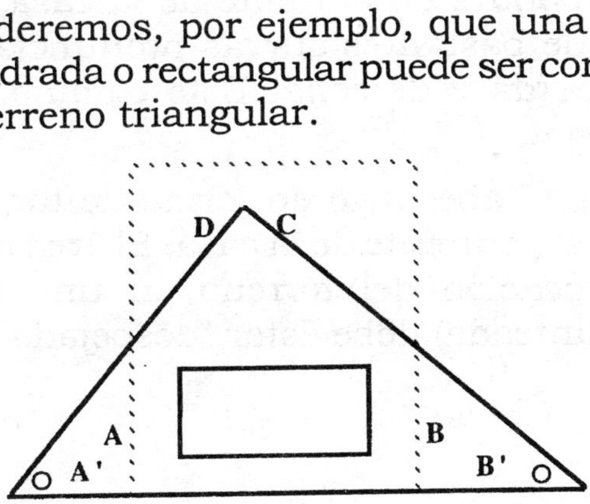

Según el Feng Shui, un gran peligro —posiblemente una muerte repentina— aguarda a los habitantes de esa casa. Por lo tanto, antes que nada, se debe resolver el problema del triángulo.

Para lograr esto de la mejor manera, las cercas de madera o setos "romperán" el terreno triangular y lo harán tan cuadrado como sea posible (A/B).

Si las partes del terreno que se han separado van a ser usadas, debe ponerse un estanque o una fuente enfrente de la puerta (A'/B').

El triángulo que apunta hacia la puerta de la casa debe ser eliminado ahora. Esto puede hacerse por medio de una cerca o barrera que marque el lote triangular (partes C/D).

Un césped amplio o una superficie pavimentada se pondrá en el frente de la casa, con un camino de bastantes curvas pronunciadas hacia izquierda y derecha. Este camino es muy importante.

No debe haber algo en forma de torre, árbol alto o poste enfrente de la casa. El área que hace la modificación del terreno en un cuadrado (línea punteada) debe estar "despejada".

EL BALANCE MONTAÑA / ESTANQUE

Cuando hay una montaña, o cualquier estructura en forma de montaña, detrás de la casa en la dirección de la tortuga, debe construirse un pequeño estanque o una fuente enfrente de la puerta de entrada, para que el camino que conduce a la casa, se desvíe alrededor del estanque. Esta combinación asegura buena suerte.

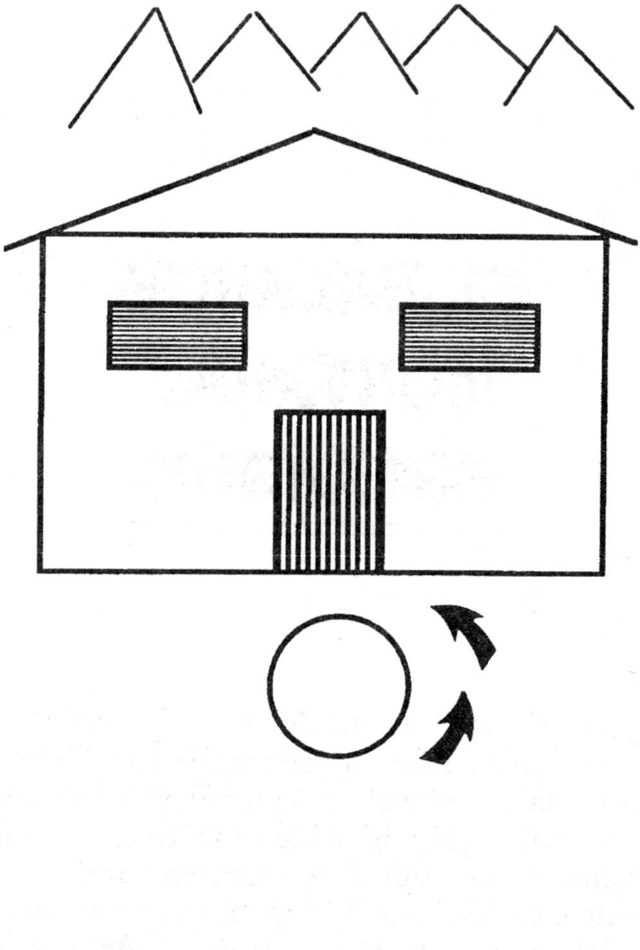

EL PELIGRO DEL ÁRBOL

Un árbol ubicado en el frente de la casa, especialmente un árbol "seco", significa mala suerte. Si el árbol no puede cortarse o removerse, el camino que conduce a la casa debe desviarse y rodearlo.

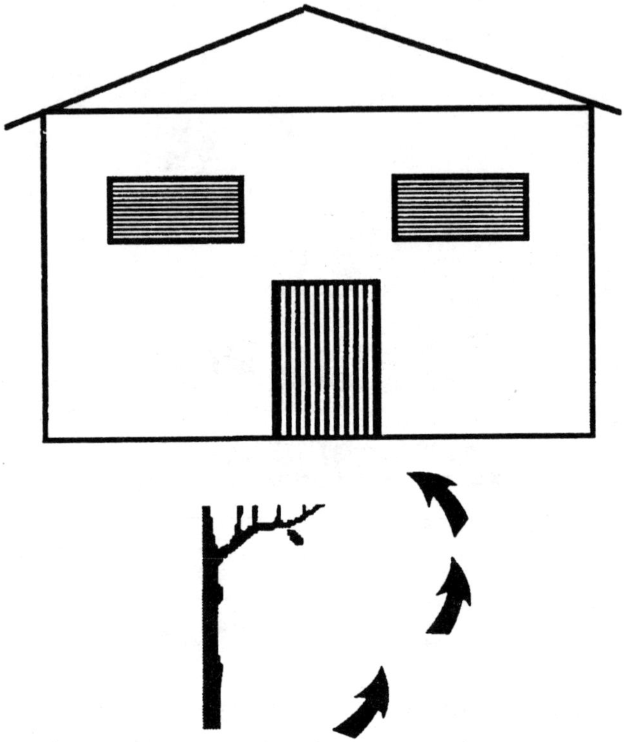

USANDO ESPEJOS PARA CORREGIR FORMAS IRREGULARES

Es muy común utilizar espejos con el fin de corregir las formas irregulares, incluyendo algunas que son más "pequeñas" de lo que deberían ser. Los principios para su uso son relativamente simples: Colocar un gran espejo de tal modo que la forma irregular se corrija por el reflejo de éste.

Por ejemplo, en el supuesto de una forma irregular como la siguiente:

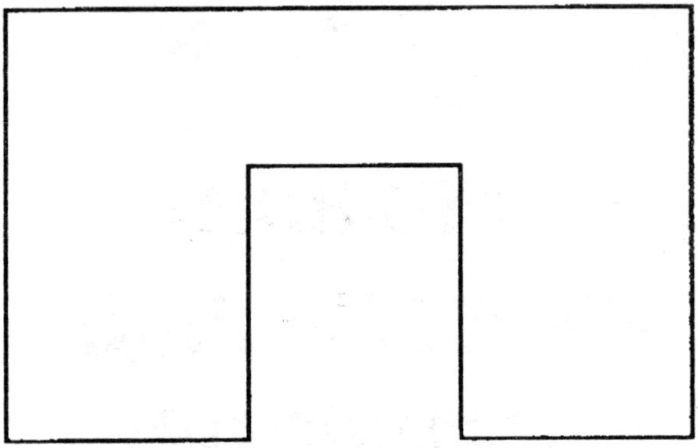

Debemos colocar el espejo en la parte de la pared marcada con la letra A, para conseguir un reflejo de la parte creada por el cuadrado AB:

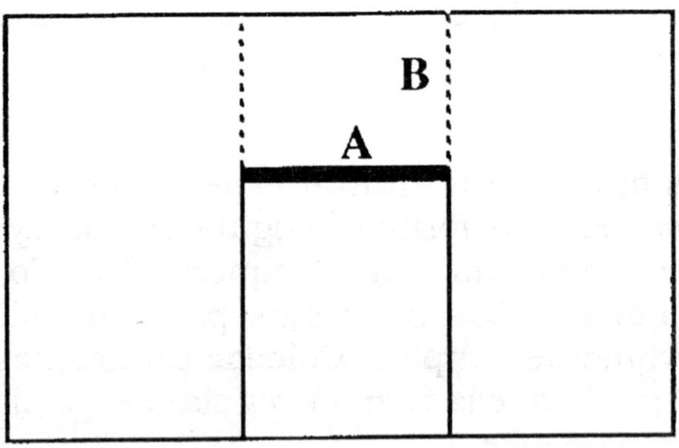

El reflejo en el espejo completará la forma mediante el cuadrado virtual AC.

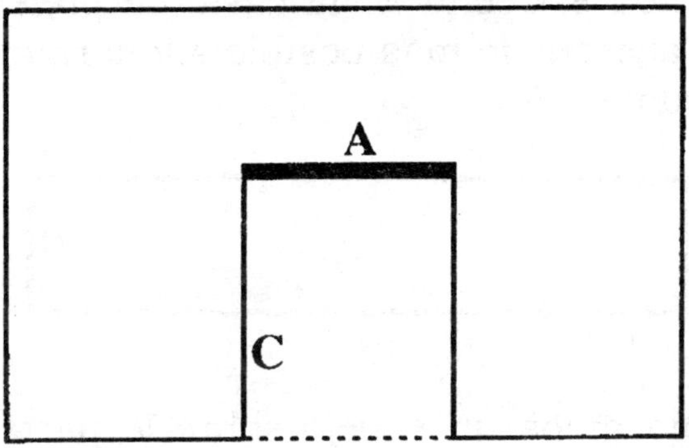

Otro ejemplo: en el caso de una forma irregular como ésta.

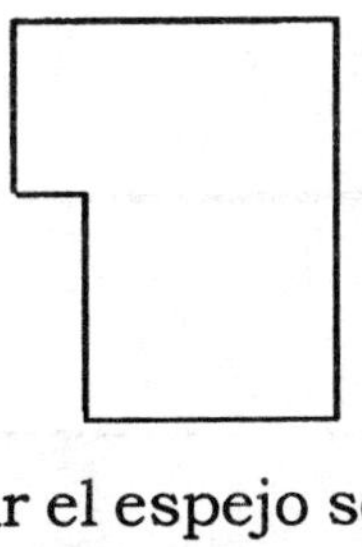

Debemos colocar el espejo sobre la parte marcada por la letra A, para que el reflejo AB complete la forma irregular.

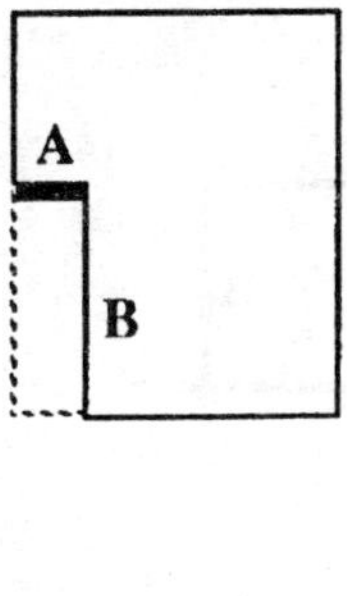

Usaremos un espejo con el fin de corregir la forma de una habitación pequeña o un espacio demasiado estrecho en la casa, de preferencia que se acerque lo más posible a la forma de un cuadrado:

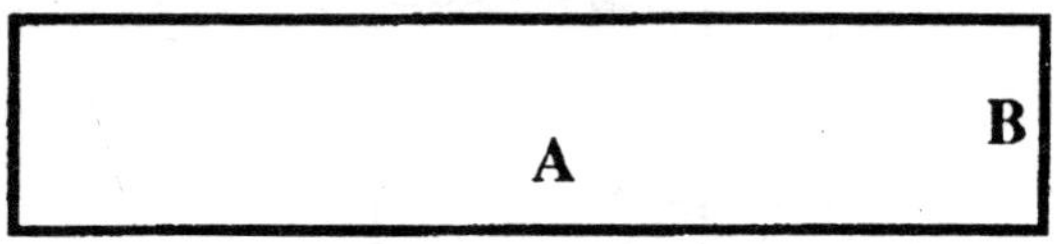

Si colocamos un espejo sobre la parte A, la forma siguiente se verá así:

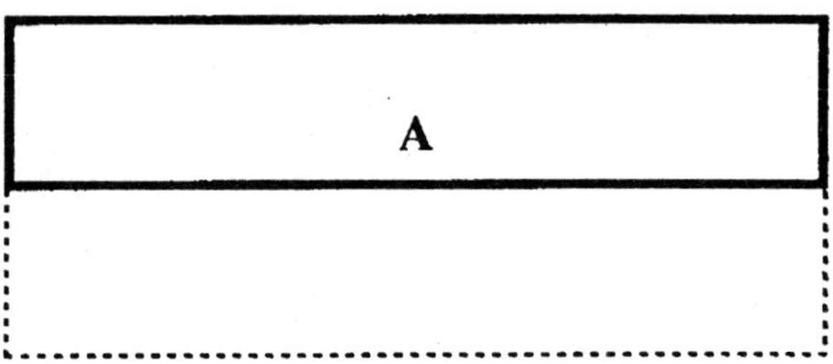

Sin embargo, si colocamos el espejo sobre la parte B, conseguiremos la forma siguiente, que no es aconsejable:

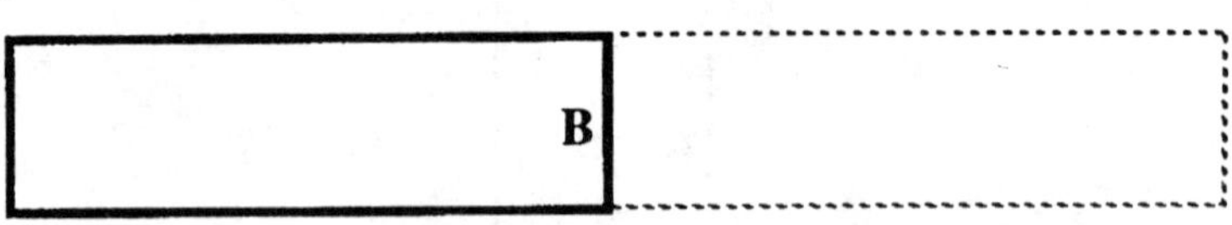

Cuando se trata de una forma estructural difícil, tal como un corredor muy largo, es posible que una indeseable "flecha" sea creada por el flujo recto del chi. Por lo tanto, debemos cambiar el flujo del chi. Podemos lograr esto utilizando espejos, sin alterar la forma de la estructura.

Por ejemplo: En el caso de un pasillo demasiado largo.

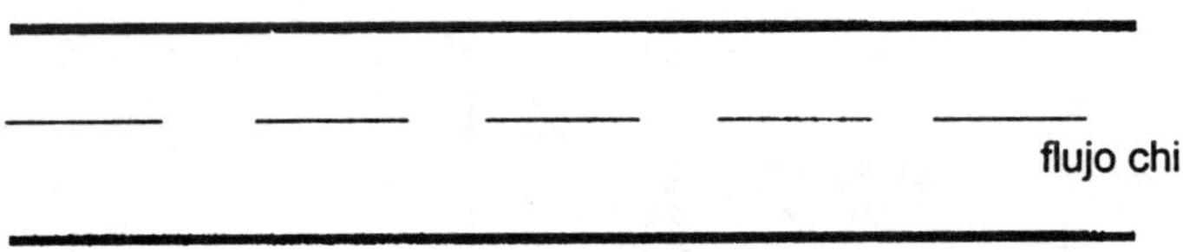

Debemos colocar espejos a lo largo de las paredes para que cambie el flujo del chi. **Los espejos nunca deben quedar uno enfrente de otro**.

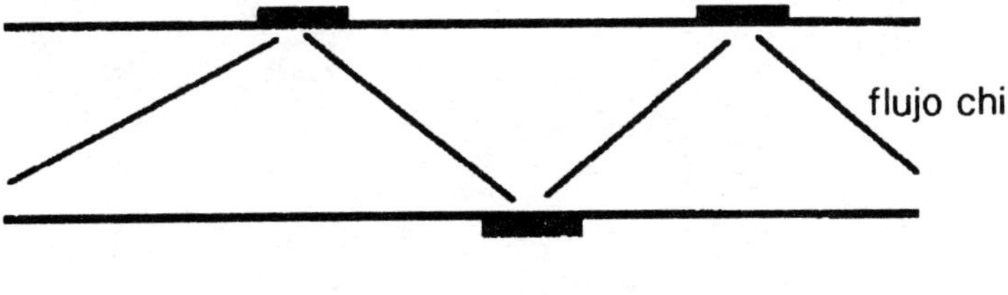

Podemos implementar el mismo principio si tenemos una forma vertical ascendente, tal como un cubo de escaleras. Los espejos deben colocarse para que desvíen el movimiento recto del flujo de chi.

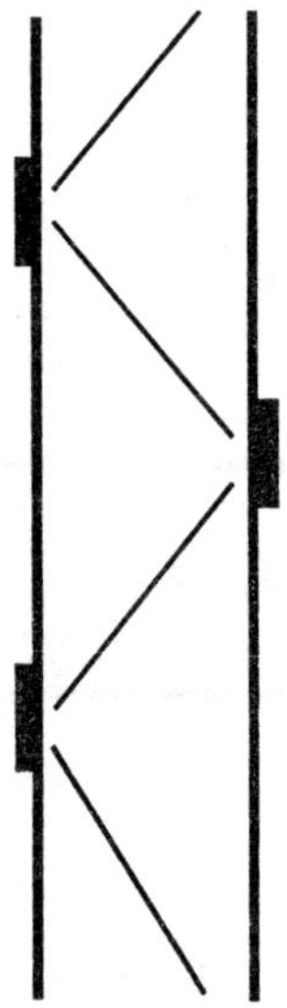

QUÉ NO DEBEMOS HACER EN LA RECÁMARA

1. Nunca dormir con un espejo frente a la cama, pues la cama y sus ocupantes se reflejan en el espejo. Por lo tanto, es un factor negativo.

La solución:

a) Mover el espejo.

b) Cubrir el espejo con una cortina (o ponerlo dentro de un closet).

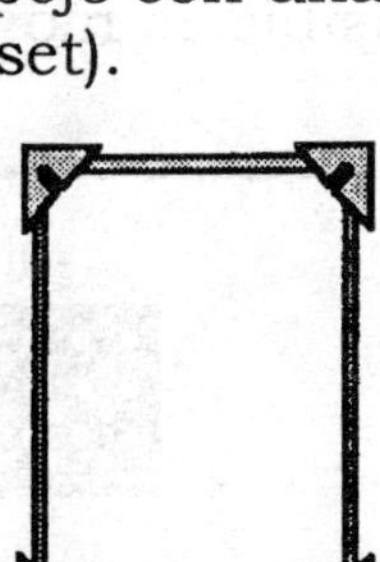

¡NO!

2. Nunca dormir con una televisión, o cualquier otro objeto brillante, enfrente de la cama, pues el objeto sirve como un espejo.

La solución:

Moverlo o cubrirlo.

¡NO!

3. Nunca dormir en una cama que esté justo frente a la puerta de la habitación (especialmente si hay una ventana enfrente de la puerta). No es una buena posición, sin importar dónde quede la cabecera.

La solución:

La única cosa posible es mover la cama.

¡NO!

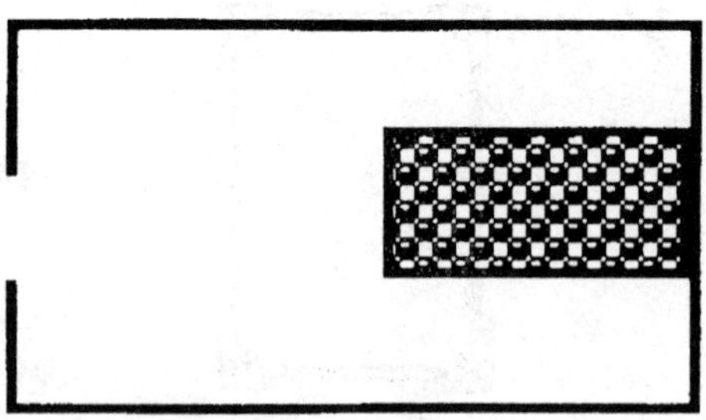

4. Nunca dormir con una luz directa (incluyendo la luz directa de una ventana) cayendo sobre la cabecera de la cama.

La solución:

Poner cortinas, pantallas de lámpara, o reflejar la luz sobre la pared.

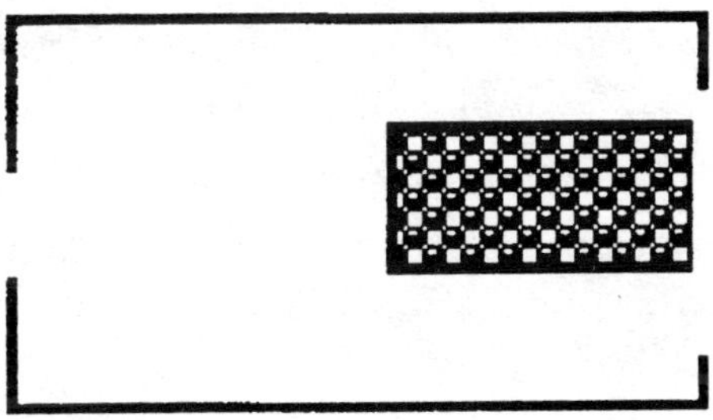

¡NO!

5. En la recámara, siempre hay ángulos agudos (los rincones, por ejemplo). No dormir con la cabecera hacia el rincón. Esto es particularmente serio cuando la habitación no es ni cuadrada ni rectangular, sino que está irregular en algún punto.

La solución:

Empujar la cabecera de la cama contra una de las paredes. (En este caso, no puedes usar un espejo para corregir la irregularidad de la habitación).

EL CALLEJÓN SIN SALIDA

Muchas casas se construyen con trayectorias que conducen hacia ellas, y la entrada principal directamente enfrente de la trayectoria. Esto es malo, pues la energía negativa puede fluir dentro de la casa.

La solución:

Dado que es imposible mover la trayectoria, debe colocarse una cerca de madera o un seto entre la casa y la trayectoria, y la puerta principal debe ubicarse tan lejos como sea posible del centro de la trayectoria, a la derecha o a la izquierda.

Además, debe ponerse un pequeño estanque o una fuente al lado de la trayectoria, o plantar un arbusto —de preferencia frente a la puerta.

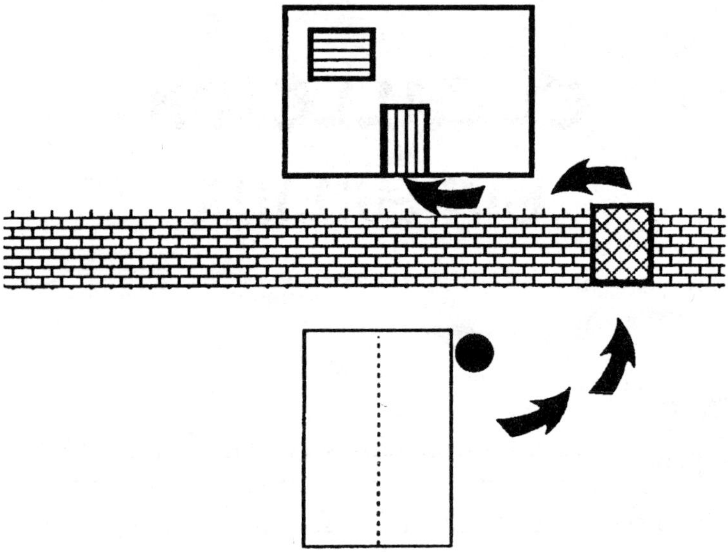

LAS ESCALERAS INTERNAS

Cuando hay escaleras en el interior de una casa, es preferible que ninguna puerta, en especial la de alguna recámara, no esté ubicada directamente enfrente de las escaleras.

Si es posible, la puerta debe cambiarse de lugar, de tal modo que al subir alguien, quede una pared frente a él, y no una puerta. Si esto no se puede hacer, hay que colocar un florero grande con agua y flores sobre una mesa alta y angosta cerca de la puerta, o colocar un espejo redondo en la pared.

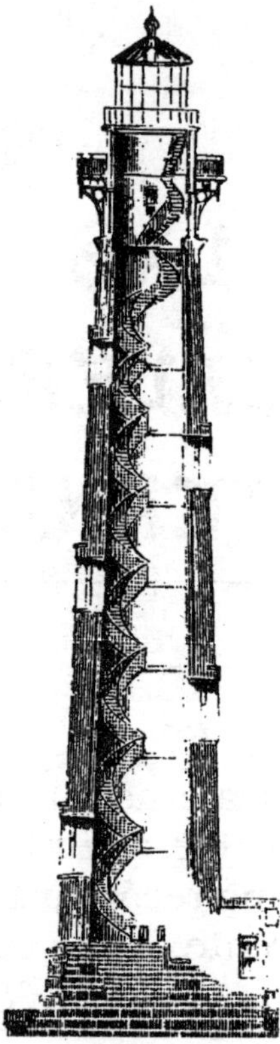

¡NO DEJAR EL BAÑO EN LA CABECERA!

Hay casas en las cuales el baño está junto a la recámara. En estos casos, los principios del Feng Shui dicen que la cabecera de la cama tiene que estar lo más lejos posible de la puerta del baño, y bajo ninguna circunstancia debe quedar la cama de tal forma que la cabeza o los pies estén en dirección de la puerta del baño.

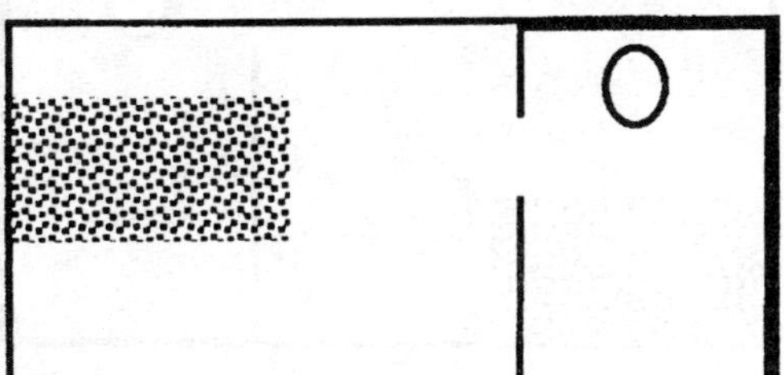

¡NO!

A veces hay un baño al otro lado de la pared de la recámara, en la misma casa, o —algo que es sumamente común— en hoteles. Esto es malo, pues la cama puede estar colocada con la cabecera contra la pared del baño.

¡NO!

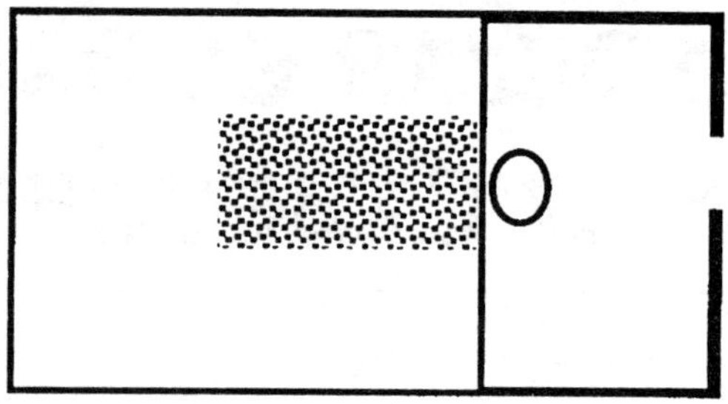

Esto se soluciona moviendo la cama. Otro caso es cuando en un multifamiliar (u hotel), la recámara se ubica directamente abajo de un baño. ¡No permitas que alguien vaya al baño sobre tu cabeza: mueve la cama a otro lugar!

¡SÍ!

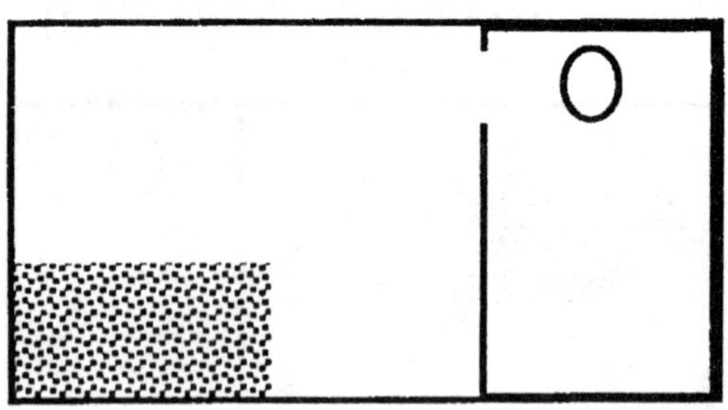

BREVES CONSEJOS PARA EL DISEÑO BÁSICO DE LA CASA

1. La entrada a la casa, especialmente la puerta principal, es la parte más importante. Pon atención especial en ella.

2. La puerta de entrada debe llenar su marco, y su altura debe ser mayor que su ancho.

3. Las proporciones de la puerta deben ser buenas, según las reglas del Feng Shui. El tamaño de los componentes individuales de la puerta —manija, cerradura, las mirillas— también debe ser adecuado.

4. La puerta debe estar en proporción con la fachada de la casa: una puerta demasiado grande ocasiona escasez, mientras que una demasiado pequeña provoca mal comportamiento.

5. Debe haber luz al lado de la puerta. El modo más conveniente es la iluminación indirecta sobre el lado derecho de la puerta. La luz debe iluminar durante las horas de oscuridad.

La sala

1. La sala debe estar lo más cerca posible de la puerta de entrada, pero nunca directamente enfrente. El lugar óptimo es a la derecha de la puerta de entrada, pero puede estar a la izquierda, de tal manera que la persona que entre tenga que girar hacia algún lado.

2. El área principal —donde están el sofá o los sillones— no debe ubicarse frente a la entrada de la habitación, y no debe estar directamente bajo una fuente de luz.

3. Cuando una persona entra en la sala, la pared que está a su izquierda es llamada comúnmente "la pared de los deseos". En esta pared deben colocarse plantas, espejos, cuadros o artículos de valor.

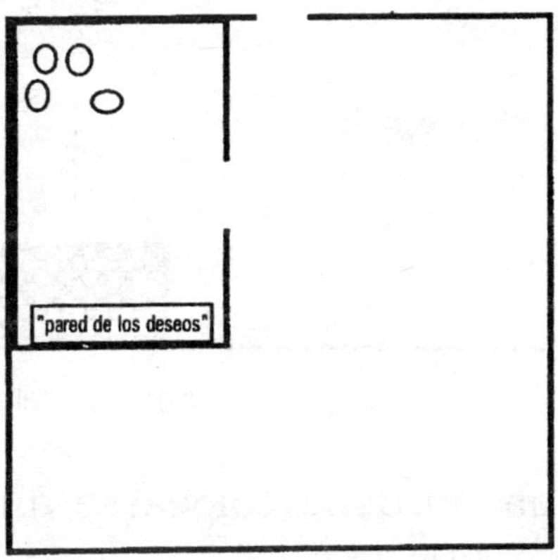

La recámara

1. La recámara es importante por dos razones: la gran cantidad de tiempo que estamos allí cada noche, y el hecho de que la mayoría de ese tiempo permanecemos inmóviles, puesto que la influencia del flujo de energía es fija y constante.

2. Si hay una cama en la habitación (y no una alfombra o un colchón), debe estar alta. Utiliza una regla del Feng Shui para verificar la altura de la cama.

3. La cabecera de la cama no debe estar hacia el lado más caluroso de la casa. Verifica cuál es el lado más caluroso, y evita colocar la cama en esa dirección.

¡NO!

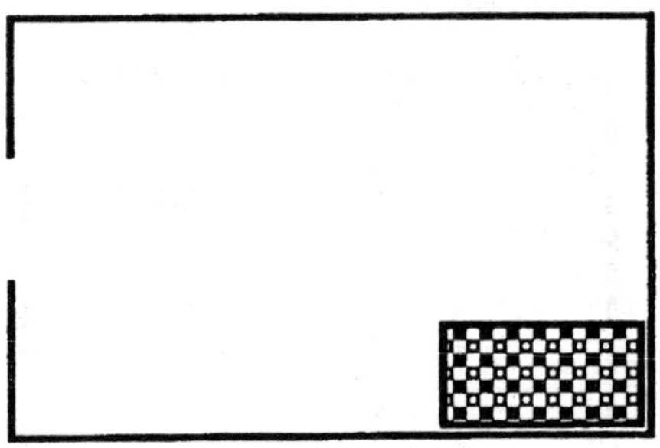

lado más caluroso

4. La cama no debe colocarse directamente enfrente de la puerta.

¡NO!

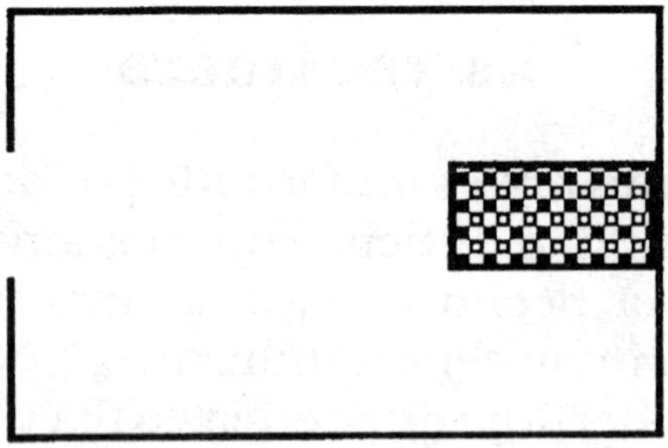

5. Verifica que antes de entrar a la recámara, puedas ver la cama completa desde la puerta. Si sólo ves parte de la cama (y el resto queda tapado por la puerta, un ropero, etc.), debes rectificar la situación. ¡La cama debe verse completa!

¡NO!

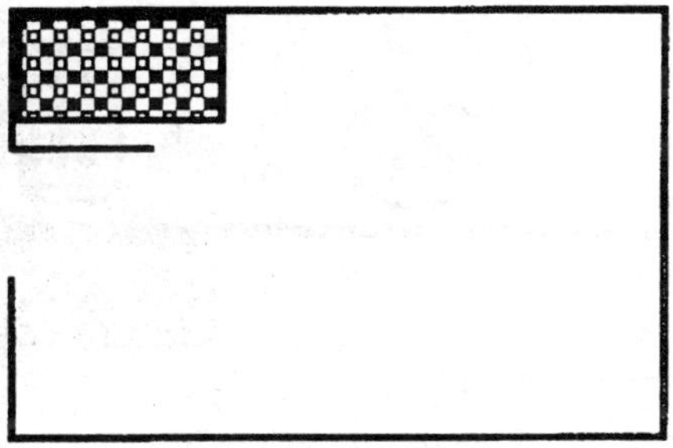

6. No es buena idea colocar la cama bajo una ventana.

7. No coloques la cama bajo una fuente directa de luz. (Puedes mover la luz o la cama, o usar una cortina o una pantalla).

8. No cuelgues un espejo frente a la entrada de la recámara. (De hecho, no se recomiendan los espejos descubiertos en la recámara).

9. La puerta de la recámara nunca debe apuntar hacia la cocina.

10. Cuando hay dos recámaras juntas, bajo ninguna circunstancia deben ser acomodadas de la misma manera.

¡NO!

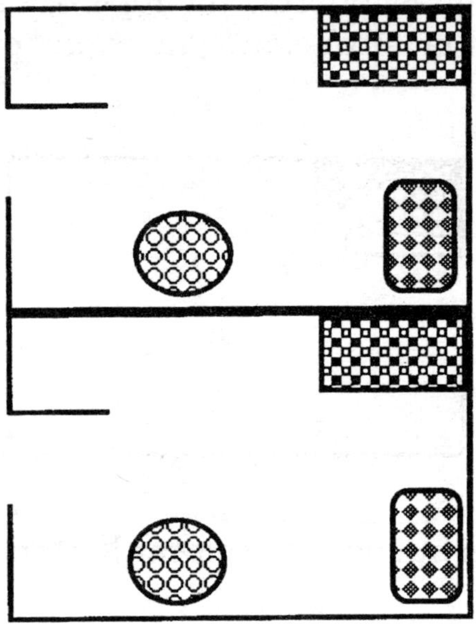

La cocina

1. La ubicación preferida de la cocina es en la esquina Sureste de la casa, si es posible.

2. La cocina se ubica generalmente en el frente de la casa, a la derecha o a la izquierda. Como sea, en un caso como éste, asegúrate que el

horno o la estufa (las fuentes de calor) estén en la esquina Sureste de la cocina.

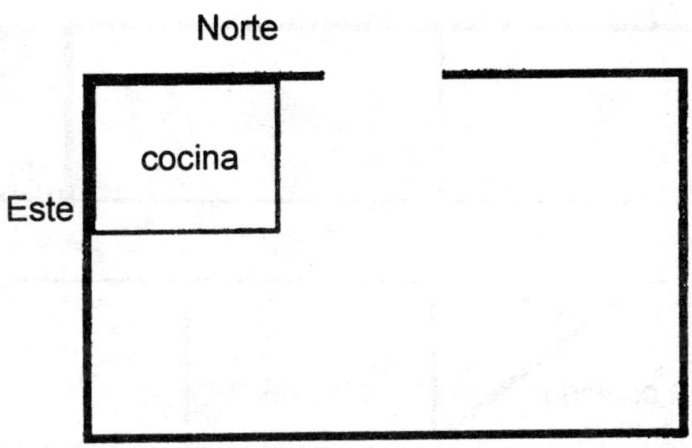

3. La estufa (o cualquier otra fuente de calor) no debe ponerse frente a la puerta de la cocina.

4. La distancia entre la cocina y el baño debe ser lo más grande posible.

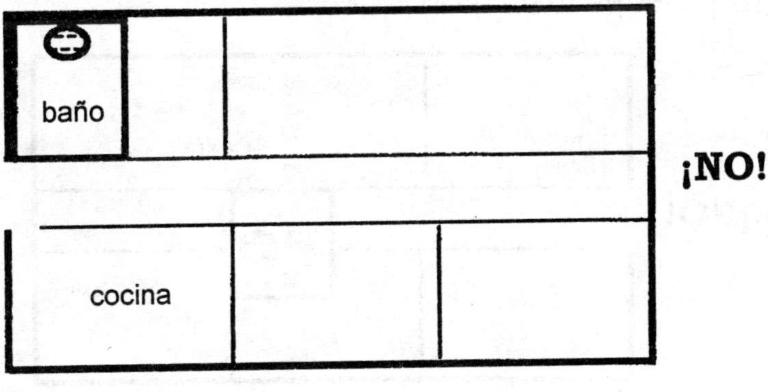

5. La cocina no debe ser triangular. Debe tener cuatro paredes, es decir, debe ser cuadrada o rectangular.

¡NO!

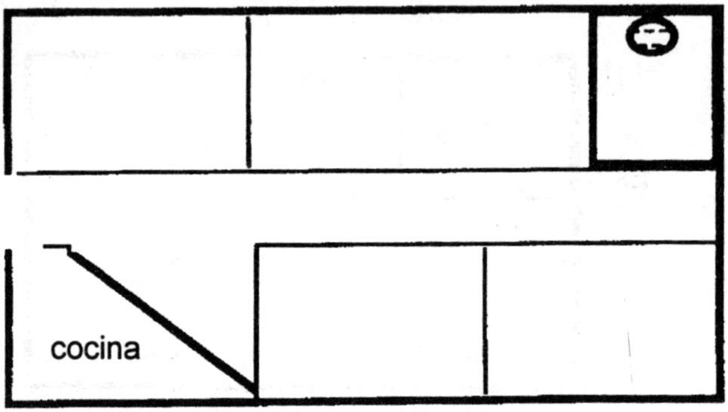

6. Se recomienda que separes el horno o la estufa (fuego) del fregadero (agua).

El baño

1. Este nunca debe estar en medio de la casa, sin paredes externas.

¡NO!

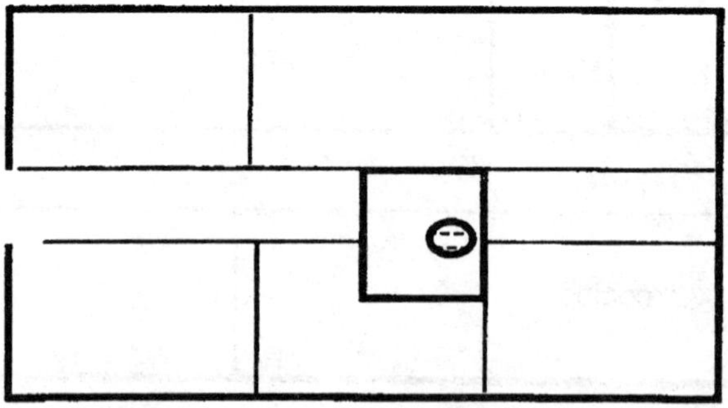

2. Entre más lejos esté el baño de la puerta de entrada (y la cocina), es mejor.

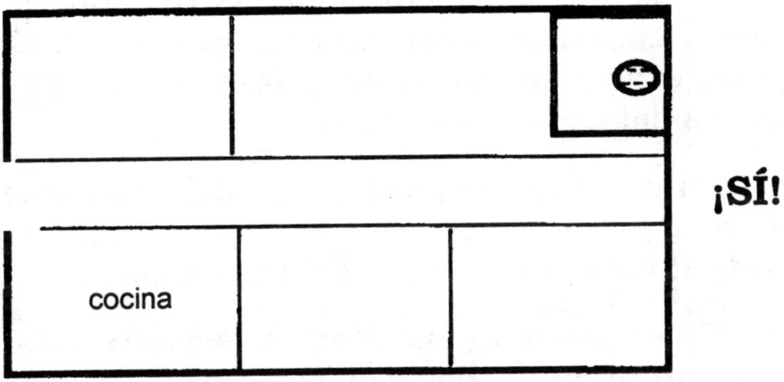

El centro de meditación

Un centro de meditación, o "templo", es un lugar en la casa donde hay objetos que se adoran (un altar, una cruz, un arca santa, etc.) o que traen recuerdos (fotografías, trofeos, etc.). Generalmente, este centro no es una habitación separada, sino que se ubica en una de las otras habitaciones. En Occidente, por ejemplo, hay una tendencia para poner objetos de meditación sobre una repisa.

1. El lugar de meditación debe estar en el centro de la casa, si es posible.

2. El centro de meditación no debe estar en la cocina o en el baño.

3. El centro de meditación debe estar de preferencia en el rincón de una habitación. El rincón exacto se selecciona según las características del jefe de la familia.

4. En el centro de meditación, debe tomarse con cuidado la altura de la mesa o del estante desde el piso. (Usar reglas del Feng Shui).

5. En el centro de meditación, siempre debe haber un número par de objetos.

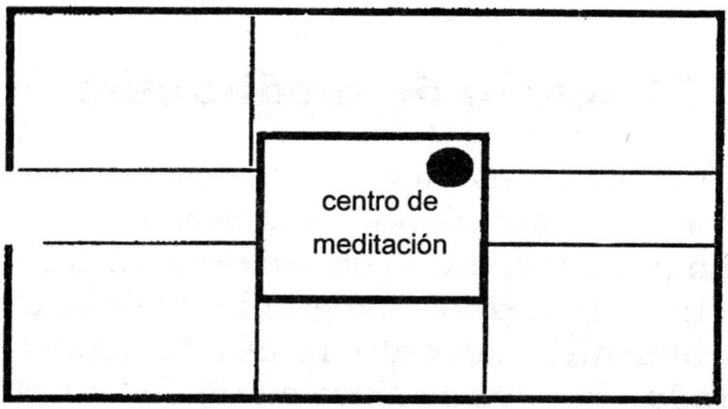

EL ARREGLO DE UNA OFICINA

1. La mejor ubicación de una oficina es en la esquina de un edificio, en una línea diagonal desde la entrada del edificio.

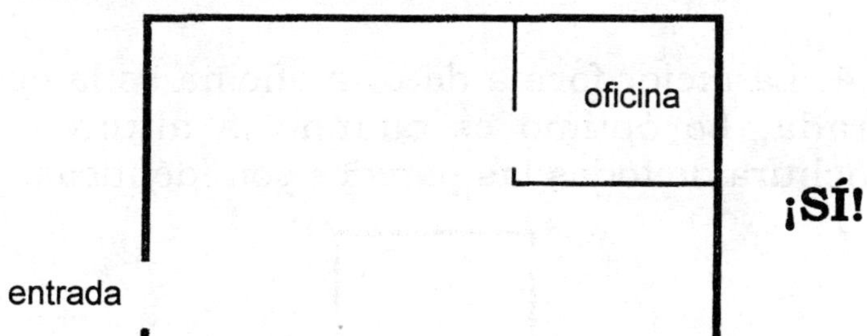

2. Una oficina que está cerca de la entrada del edificio, especialmente cuando sólo una de las paredes de la oficina es externa, no es apropiada para conducir energía positiva.

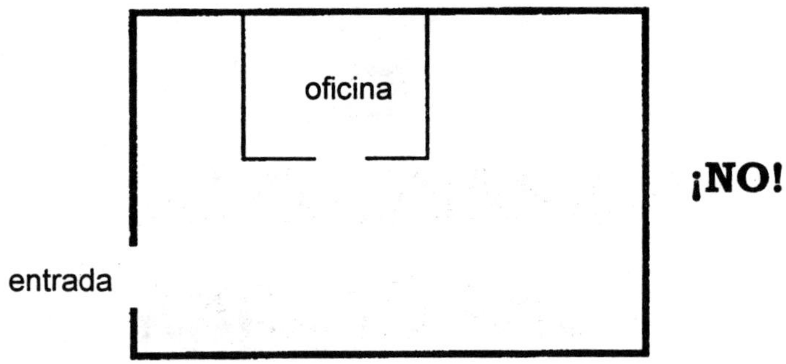

3. Una oficina que es ubicada al final de un largo pasillo es mala para los negocios.

4. La mejor forma de una oficina es la cuadrada. Lo óptimo es cuando la altura y la anchura de todas las paredes son idénticas.

5. No debe haber ángulos agudos en una oficina. Aun las esquinas de un cuadrado deben ser "suavizadas" con la colocación de un estante, una planta, etc.

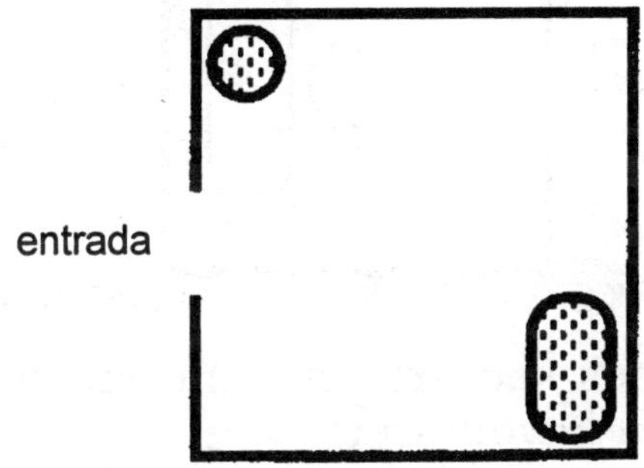

6. El centro de una oficina es el escritorio del "gerente". No debe recibir la luz directamente.

7. Una oficina en la que hay ventanas externas es mejor que una sin ellas.

8. Es sumamente negativo para quien ocupa el escritorio tener una vista hacia ángulos agudos (techos puntiagudos, torres, etc.). Esto se resuelve mediante la colocación de una cortina semitransparente.

9. Ninguna mesa debe ponerse en una oficina de tal modo que la gente que la use se siente de espaldas a la puerta.

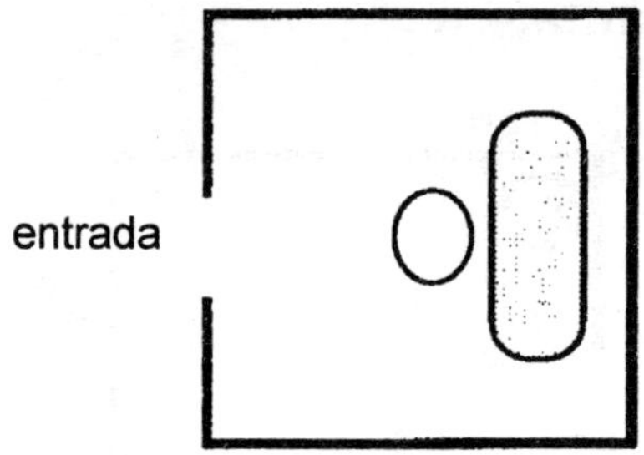

10. No debes sentarte en una oficina con tu espalda hacia la ventana.

11. El lugar ideal para el escritorio es diagonalmente opuesto a la puerta de la oficina, para que el ocupante se siente mirando hacia la puerta.

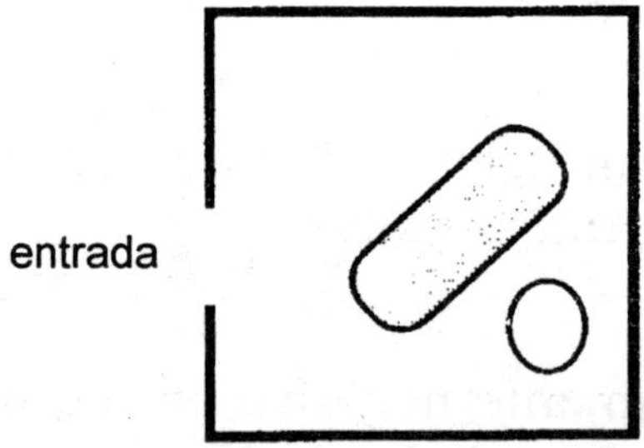

12. Estantes, archiveros y otros muebles deben colocarse detrás de la silla del escritorio, a su derecha o izquierda, pero nunca enfrente.

UBICACIÓN Y DISEÑO DE LOCALES PARA NEGOCIOS

1. Los principios referentes al hogar —la ubicación del baño, por ejemplo— son válidos también para la ubicación y el diseño de un local para negocios.

2. Debe haber otros locales para negocios en el vecindario de tu local.

3. El local nunca debe ser ubicado en una parte baja (en un sótano), especialmente si hay otro negocio ubicado más alto.

4. El primer piso del local —el piso de entrada— debe estar arriba del nivel de la calle, y la diferencia en la altura debe determinarse y medirse usando las reglas del Feng Shui.

5. Debe haber un área cuadrada al frente del local, y es muy importante tener un pequeño jardín.

6. La puerta del local, y la entrada al negocio en general, puede ser más ancha y alta que la de una casa (en proporción al tamaño del edificio). Los colores de la entrada son también muy importantes. La puerta de entrada es la parte principal del local, según el Feng Shui.

7. Si hay alguna puerta interna, especialmente enfrente de la entrada, nunca debe ser más grande que la puerta principal.

8. El lado del tigre, según los principios del Feng Shui, es el lado más apropiado para las actividades más tranquilas del negocio (almacenamiento, oficinas internas, etc.).

9. Las escaleras o los ascensores nunca deben estar directamente frente a la puerta de entrada, sino a un lado (izquierdo o derecho). Si las escaleras o los ascensores se ubican frente a la entrada de un edificio, debe usarse algún tipo de división —una planta, por ejemplo— que obligue a la gente que entra a desviarse de la trayectoria recta e ir alrededor de la división para llegar a las escaleras.

10. Una fachada limpia y bien mantenida del local del negocio fomenta la buena suerte.

AYUDANDO AL FLUJO DEL CHI

Existen diferentes maneras de ayudar al flujo positivo del chi.

1. Coloca objetos con agua (una alberca, una pecera, un jarrón de flores, una fuente, o el cuadro de una escena con agua) en el lado Este o Sureste.

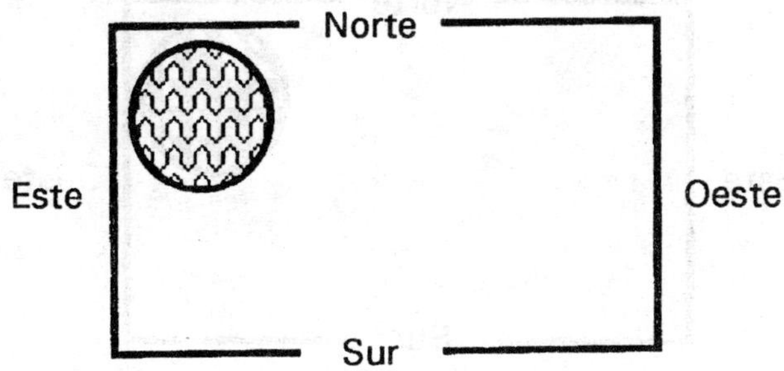

2. Pon sal de mar, en un plato o rociada sobre el piso. Este principio del Feng Shui se basa en la creencia de que una pizca de sal debe ponerse en una casa nueva. El lugar recomendado para la sal es el lado Noreste (así como también cerca de la entrada de la casa).

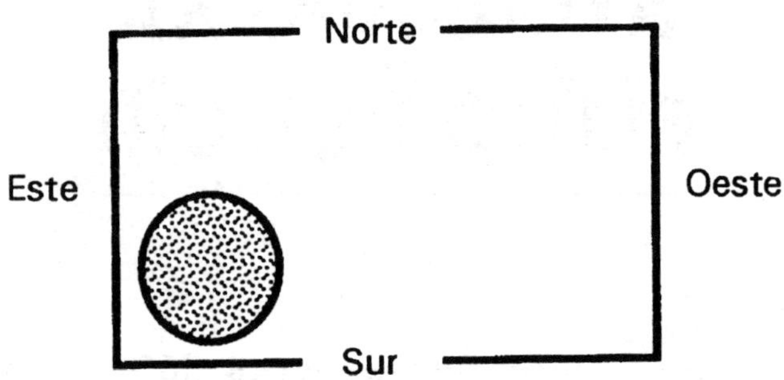

3. Coloca piezas de metal (tales como estatuas de oro o acero, lanzas de metal, etc.) en el lado Suroeste de la casa o edificio.

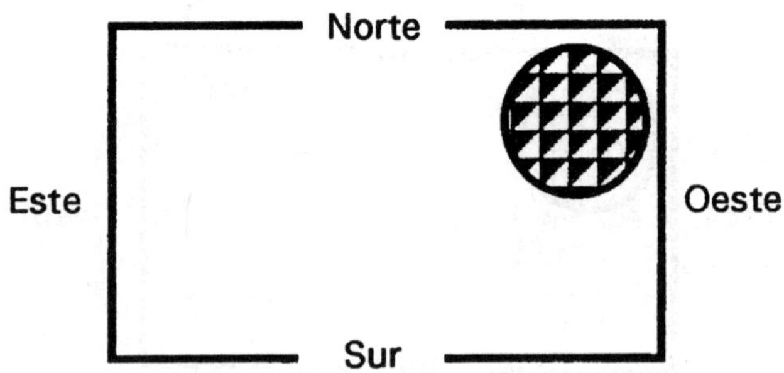

4. Coloca plantas en macetas o pequeños setos. Las plantas deben ponerse principalmente en las esquinas de la construcción, pero puede formarse una “avenida” de dos filas de plantas, con dirección Este a Oeste.

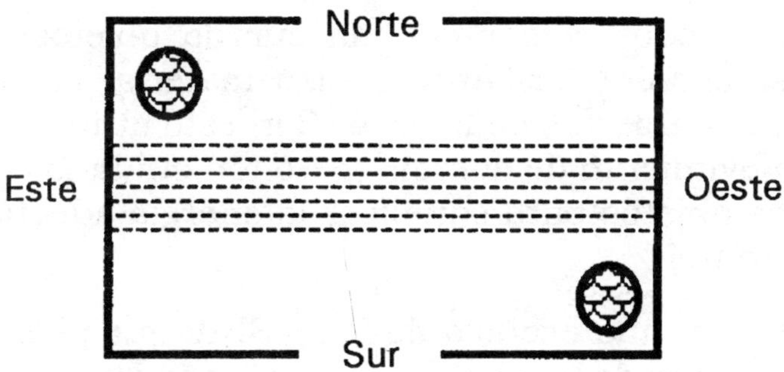

5. Para usar los colores, el principio es simple:

En el lado Sur, utilizar rojo.

En el lado Este, usar verde.

En el lado Norte, utilizar negro.

En el lado Oeste, usar blanco.

Una explicación más detallada está disponible en las gráficas del libro —cada dirección tiene su color propio.

6. Los espejos y los objetos con superficies brillantes (que sirven como espejos) son sumamente importantes. Ten cuidado al colocarlos.

7. Las lámparas y fuentes de iluminación se usan principalmente para balancear el yin/yang. El principio debe ser doble:

No recibir la luz directa.

Evitar la oscuridad, bajar la intensidad.

8. Puedes colgar de una cuerda objetos de cristal, metal brillante u otro material en los lugares abiertos de la casa. Con esto aumentas el movimiento de energía (pero ten cuidado con otros objetos para canalizar la energía adecuadamente).

9. Hay una escuela de Feng Shui que pide la colocación de una vela o una pequeña chimenea en la esquina Noreste de la casa. Está totalmente prohibido, por lo tanto, prender algún fuego en el lado Sur de la casa.

10. Los móviles que suenan con el viento, los silbatos etc., son efectivos para incrementar la energía chi. La colocación de estos objetos "sonoros" es determinada por el Feng Shui para que estén en armonía con los otros ruidos del ambiente. No hay reglas rígidas sobre esto.

11. Las cortinas y las pantallas pueden usarse siempre para bloquear la energía chi negativa.

RELACIONES CON EL CALENDARIO CHINO

SÍMBOLO	COLOR DOMINANTE	NÚMERO KI	SIGNO ASTROLÓGICO
Fuego	Púrpura	9	Buey
Montaña	Blanco	8	Tigre
Lago	Rojo	7	Conejo
Cielo	Gris	6	Dragón
Centro	Amarillo	5	Serpiente
Viento	Azul	4	Caballo
Trueno	Verde	3	Carnero
Tierra	Negro	2	Mono
Agua	Crema	1	Gallo
Fuego	Púrpura	9	Perro
Montaña	Blanco	8	Cerdo
Lago	Rojo	7	Rata
Cielo	Gris	6	Buey
Centro	Amarillo	5	Tigre
Viento	Azul	4	Conejo
Trueno	Verde	3	Dragón
Tierra	Negro	2	Serpiente
Agua	Crema	1	Caballo
Fuego	Púrpura	9	Carnero
Montaña	Blanco	8	Mono
Lago	Rojo	7	Gallo
Cielo	Gris	6	Perro
Centro	Amarillo	5	Cerdo
Viento	Azul	4	Rata
Trueno	Verde	3	Buey
Tierra	Negro	2	Tigre
Agua	Crema	1	Conejo
Fuego	Púrpura	9	Dragón
Montaña	Blanco	8	Serpiente
Lago	Rojo	7	Caballo
Cielo	Gris	6	Carnero
Centro	Amarillo	5	Mono
Viento	Azul	4	Gallo
Trueno	Verde	3	Perro

ELEMENTO DOMINANTE	COMIENZO DEL AÑO (CALENDARIO OCCIDENTAL)	AÑO CHINO
Metal	2.04	1901
Agua	2.05	1902
Agua	2.05	1903
Madera	2.05	1904
Madera	2.04	1905
Fuego	2.05	1906
Fuego	2.05	1907
Tierra	2.05	1908
Tierra	2.04	1909
Metal	2.04	1910
Metal	2.05	1911
Agua	2.05	1912
Agua	2.04	1913
Madera	2.04	1914
Madera	2.05	1915
Fuego	2.05	1916
Fuego	2.04	1917
Tierra	2.04	1918
Tierra	2.05	1919
Metal	2.05	1920
Metal	2.04	1921
Agua	2.04	1922
Agua	2.05	1923
Madera	2.05	1924
Madera	2.04	1925
Fuego	2.04	1926
Fuego	2.05	1927
Tierra	2.05	1928
Tierra	2.04	1929
Metal	2.04	1930
Metal	2.05	1931
Agua	2.05	1932
Agua	2.04	1933
Madera	2.04	1934

SÍMBOLO	COLOR DOMINANTE	NÚMERO KI	SIGNO ASTROLÓGICO
Tierra	Negro	2	Cerdo
Agua	Crema	1	Rata
Fuego	Púrpura	9	Buey
Montaña	Blanco	8	Tigre
Lago	Rojo	7	Conejo
Cielo	Gris	6	Dragón
Centro	Amarillo	5	Serpiente
Viento	Azul	4	Caballo
Trueno	Verde	3	Carnero
Tierra	Negro	2	Mono
Agua	Crema	1	Gallo
Fuego	Púrpura	9	Perro
Montaña	Blanco	8	Cerdo
Lago	Rojo	7	Rata
Cielo	Gris	6	Buey
Centro	Amarillo	5	Tigre
Viento	Azul	4	Conejo
Trueno	Verde	3	Dragón
Tierra	Negro	2	Serpiente
Agua	Crema	1	Caballo
Fuego	Púrpura	9	Carnero
Montaña	Blanco	8	Mono
Lago	Rojo	7	Gallo
Cielo	Gris	6	Perro
Centro	Amarillo	5	Cerdo
Viento	Azul	4	Rata
Trueno	Verde	3	Buey
Tierra	Negro	2	Tigre
Agua	Crema	1	Conejo
Fuego	Púrpura	9	Dragón
Montaña	Blanco	8	Serpiente
Lago	Rojo	7	Caballo
Cielo	Gris	6	Carnero
Centro	Amarillo	5	Mono

ELEMENTO DOMINANTE	COMIENZO DEL AÑO (CALENDARIO OCCIDENTAL)	AÑO CHINO
Madera	2.05	1935
Fuego	2.05	1936
Fuego	2.04	1937
Tierra	2.04	1938
Tierra	2.05	1939
Metal	2.05	1940
Metal	2.04	1941
Agua	2.04	1942
Agua	2.04	1943
Madera	2.05	1944
Madera	2.04	1945
Fuego	2.04	1946
Fuego	2.04	1947
Tierra	2.05	1948
Tierra	2.04	1949
Metal	2.04	1950
Metal	2.04	1951
Agua	2.05	1952
Agua	2.04	1953
Madera	2.04	1954
Madera	2.04	1955
Fuego	2.05	1956
Fuego	2.04	1957
Tierra	2.04	1958
Tierra	2.04	1959
Metal	2.05	1960
Metal	2.04	1961
Agua	2.04	1962
Agua	2.04	1963
Madera	2.05	1964
Madera	2.04	1965
Fuego	2.04	1966
Fuego	2.04	1967
Tierra	2.05	1968

SÍMBOLO	COLOR DOMINANTE	NÚMERO KI	SIGNO ASTROLÓGICO
Viento	Azul	4	Gallo
Trueno	Verde	3	Perro
Tierra	Negro	2	Cerdo
Agua	Crema	1	Rata
Fuego	Púrpura	9	Buey
Montaña	Blanco	8	Tigre
Lago	Rojo	7	Conejo
Cielo	Gris	6	Dragón
Centro	Amarillo	5	Serpiente
Viento	Azul	4	Caballo
Trueno	Verde	3	Carnero
Tierra	Negro	2	Mono
Agua	Crema	1	Gallo
Fuego	Púrpura	9	Perro
Montaña	Blanco	8	Cerdo
Lago	Rojo	7	Rata
Cielo	Gris	6	Buey
Centro	Amarillo	5	Tigre
Viento	Azul	4	Conejo
Trueno	Verde	3	Dragón
Tierra	Negro	2	Serpiente
Agua	Crema	1	Caballo
Fuego	Púrpura	9	Carnero
Montaña	Blanco	8	Mono
Lago	Rojo	7	Gallo
Cielo	Gris	6	Perro
Centro	Amarillo	5	Cerdo
Viento	Azul	4	Rata
Trueno	Verde	3	Buey
Tierra	Negro	2	Tigre
Agua	Crema	1	Conejo
Fuego	Púrpura	9	Dragón
Montaña	Blanco	8	Serpiente
Lago	Rojo	7	Caballo

ELEMENTO DOMINANTE	COMIENZO DEL AÑO (CALENDARIO OCCIDENTAL)	AÑO CHINO
Tierra	2.04	1969
Metal	2.04	1970
Metal	2.04	1971
Agua	2.05	1972
Agua	2.04	1973
Madera	2.04	1974
Madera	2.04	1975
Fuego	2.04	1976
Fuego	2.04	1977
Tierra	2.04	1978
Tierra	2.04	1979
Metal	2.04	1980
Metal	2.04	1981
Agua	2.04	1982
Agua	2.04	1983
Madera	2.04	1984
Madera	2.04	1985
Fuego	2.04	1986
Fuego	2.04	1987
Tierra	2.04	1988
Tierra	2.04	1989
Metal	2.04	1990
Metal	2.04	1991
Agua	2.04	1992
Agua	2.04	1993
Madera	2.04	1994
Madera	2.04	1995
Fuego	2.04	1996
Fuego	2.04	1997
Tierra	2.04	1998
Tierra	2.04	1999
Metal	2.04	2000
Metal	2.04	2001
Agua	2.04	2002

SÍMBOLO	COLOR DOMINANTE	NÚMERO KI	SIGNO ASTROLÓGICO
Cielo	Gris	6	Carnero
Centro	Amarillo	5	Mono
Viento	Azul	4	Gallo
Trueno	Verde	3	Perro
Tierra	Negro	2	Cerdo
Agua	Crema	1	Rata
Fuego	Púrpura	9	Buey
Montaña	Blanco	8	Tigre
Lago	Rojo	7	Conejo
Cielo	Gris	6	Dragón
Centro	Amarillo	5	Serpiente
Viento	Azul	4	Caballo
Trueno	Verde	3	Carnero
Tierra	Negro	2	Mono
Agua	Crema	1	Gallo
Fuego	Púrpura	9	Perro
Montaña	Blanco	8	Cerdo
Lago	Rojo	7	Rata
Cielo	Gris	6	Buey
Centro	Amarillo	5	Tigre
Viento	Azul	4	Conejo
Trueno	Verde	3	Dragón
Tierra	Negro	2	Serpiente
Agua	Crema	1	Caballo
Fuego	Púrpura	9	Carnero
Montaña	Blanco	8	Mono

ELEMENTO DOMINANTE	COMIENZO DEL AÑO (CALENDARIO OCCIDENTAL)	AÑO CHINO
Agua	2.04	2003
Madera	2.04	2004
Madera	2.04	2005
Fuego	2.04	2006
Fuego	2.04	2007
Tierra	2.04	2008
Tierra	2.03	2009
Metal	2.04	2010
Metal	2.04	2011
Agua	2.04	2012
Agua	2.03	2013
Madera	2.04	2014
Madera	2.04	2015
Fuego	2.04	2016
Fuego	2.03	2017
Tierra	2.04	2018
Tierra	2.04	2019
Metal	2.04	2020
Metal	2.04	2021
Agua	2.04	2022
Agua	2.04	2023
Madera	2.04	2024
Madera	2.04	2025
Fuego	2.04	2026
Fuego	2.04	2027
Tierra	2.04	2028

ÍNDICE

TÍTULOS DE ESTA COLECCIÓN

Brujería. *Tamara*
Guía Práctica para Equilibrar tu Casa. Feng Shui. *M. A. Garibay*
Los Aromas y su Magia. *Fils du Bois*
Las Velas y su Magia. *Feu du Bois*
Los Inciensos y su Magia. *Fils du Bois*
Aceites y Velas Angélicas. *Fils du Bois*
Magia Blanca. Pequeño recetario de hechizos y conjuros. *Tamara*
Los Colores y su Magia. *Fils du Bois*
Nuestro Arco Iris... el Aura. *L. H. Rutiaga*
El Tarot. Sus claves y secretos. *Rut-Gar*
Tratado de las Artes Adivinatorias. *Anthony Tate*
Pentagrama Esotérico. *Filius Nemus*
La Fuerza de los Talismanes y Amuletos. *L. Cecil*
Los Secretos del Péndulo. *Ralph Rutti*
Los Magnetos. *L. H. Rutiaga*
El Libro de los Símbolos. *Koch R.*
Cristales y Cuarzos. El Poder Curativo del Nuevo Milenio. *Tate Selarom*
El Oráculo de las Runas. Misterios y Realidades. *L. Cecil*
Jugando con las Cartas Predices tu Futuro. *Hali Morag*
Yi Ching. Ilustrado. *R. Wilhelm*
Feng Shui. Bienestar - Tranquilidad - Felicidad - Salud. *G. T. Bay*

Impreso en Offset Libra

Francisco I. Madero 31

San Miguel Iztacalco,

México, D.F.